企业数智化转型实战丛书

数据驱动增长

新一代企业
智能化成长路径

梅 波 郭全中◎编著

Data driven growth

The road of intelligent growth
of a new generation of enterprises

人民邮电出版社

北 京

图书在版编目（ＣＩＰ）数据

数据驱动增长：新一代企业智能化成长路径 / 梅波，郭全中编著. -- 北京 ：人民邮电出版社，2022.6
（企业数智化转型实战丛书）
ISBN 978-7-115-59004-6

Ⅰ. ①数… Ⅱ. ①梅… ②郭… Ⅲ. ①智能技术—应用—企业管理 Ⅳ. ①F272.7

中国版本图书馆CIP数据核字（2022）第049830号

内 容 提 要

本书通过对美妆、服装、新零售、新茶饮、生鲜连锁等非数字原生企业的转型案例剖析，勾勒出数字化转型时代数据驱动型企业的营销方法论，探索不同行业、不同企业的智能化成长路径。

本书深度解构了 9 个品牌企业的数据智能化转型案例，针对每个案例，又从大数据和云计算、用户资产化、数据中台、品牌 IP 和内容营销、全渠道数字化等维度中选择一个维度进行拆解，充分显示出不同技术在不同类型企业的应用价值。与此同时，本书选择了业务中台、CEM、营销自动化、SCRM 等 5 个领域的 MarTech 机构进行介绍，旨在从技术视角提供优秀的案例参考。

本书适合大中型企业的营销管理人员，从事数字化转型的管理咨询人员、IT 从业人员、高校及专业研究机构人员、学者，政府管理人员及对数字经济发展感兴趣的人阅读。

◆ 编　著　梅　波　郭全中
　　责任编辑　苏　萌
　　责任印制　马振武
◆ 人民邮电出版社出版发行　　北京市丰台区成寿寺路 11 号
　　邮编　100164　　电子邮件　315@ptpress.com.cn
　　网址　https://www.ptpress.com.cn
　　三河市君旺印务有限公司印刷
◆ 开本：720×960　1/16
　　印张：14　　　　　　　　　　2022 年 6 月第 1 版
　　字数：177 千字　　　　　　　2022 年 6 月河北第 1 次印刷

定价：69.80 元

读者服务热线：(010)81055493　印装质量热线：(010)81055316
反盗版热线：(010)81055315
广告经营许可证：京东市监广登字 20170147 号

一起迎接数字化转型时代

人类有史以来，先后经历了农业文明时代、工业文明时代、信息文明时代，而现在我们正在大踏步地迈入数字文明时代。对于商业来说，商业的新纪元已至，数字化转型时代正在扑面而来，对于企业、机构、个人来说，任何抗拒都会被数字化大趋势碾压甚至抛弃，因此要做好心理准备，积极拥抱数字化时代，并快速向数字化时代迁徙。

一、世间万物，一切都在快速数字化

1994 年互联网正式进入中国，互联网具有海量空间、双向强交互、平等、分享等显著优势。海量空间为线下内容、产品和服务在线化提供了可能，双向强交互为商家与客户的及时沟通提供了更好的方式，而平等则为普通商家和每一个个体带来更多的机会和权利，分享则能够带来口碑营销等新的营销手段。

互联网技术和商业处于快速迭代中，2010 年之后，从 PC 互联网时代快速跃迁到移动互联网时代，大数据和人工智能技术成为新的利器，给我们的生活带来巨大的变化。大数据和人工智能技术能够对内容、产品、服务、用户等进行精准画像，并结合场景实现内容、产品、服务与用户之间的智能化匹配，以显著提升效率和开创新蓝海。我们已经进入快速数字化的世界。

二、互联网巨头引领数字化时代

互联网尤其是智能化技术催生了新时代的商业巨头——数字化的互联网巨头，阿里巴巴、腾讯、字节跳动、快手、美团等都是其中的典型代表。目前，这些数字化的互联网巨头在成功获取互联网和数字化红利之后，不断拓展自身的版图和产业边界，并把自身的数字化能力向各行各业赋能。

阿里巴巴等电商巨头再造了"人与交易"，腾讯等社交巨头再造了"人与交流"，字节跳动、百度等再造了"人与信息"，美团等再造了"人与生活"，滴滴等平台则再造了"人与交通"。这些数字化的互联网巨头已经搭建起用户数量巨大的平台，帮助更多的企业与用户建立连接，助力很多传统企业向数字化转型，并帮助一些新国货品牌，如喜茶、良品铺子等快速成长。毫无疑问，数字化的互联网巨头引领了数字化时代的新趋势和新方向，并通过各种方式的赋能促进数字化时代加速到来。

三、数字化助力传统企业成功转型

数字化的互联网巨头引领了数字化时代，海尔、美的等领先的制造商也在很大程度上实现了数字化转型。

但大量中小型企业尤其是深陷困境的企业则心存困惑：自己还能搭上数字化转型时代的快车吗？百丽、李宁等曾经深陷困境的传统企业都借助数字化工具成功转型，这充分证明企业哪怕深陷困境也可以成功转型，搭上数字化转型的快车。李宁公司2011年大量库存积压，营收89.29亿元，仅实现3.86亿元的盈利；2012年大量裁员关店，营收下降为67.39亿元，亏损高达

19.79 亿元；2013 年营收 58.24 亿元，亏损 3.91 亿元；2014 年营收 67.3 亿元，亏损 7.81 亿元。2015 年开始，李宁公司把"互联网 + 运动生活服务提供商"作为战略目标，经过几年的数字化转型，2019 年的营业收入高达 138.70 亿元，同比增长 32%，净利润达 14.99 亿元，同比增长 110%。而且李宁品牌（李宁 YOUNG 除外）在电子商务、零售及批发 3 个渠道销售收入占比分别为 24%、27%、49%。2020 年财报显示，尽管受到新冠肺炎疫情影响，李宁公司全年销售收入依然取得 4.2% 的增长，整体销售额达 144.57 亿元。为了更好地抓住"Z 世代"，2020 年，虚拟时尚偶像"星瞳"成为"李宁"的首位潮流星推官，携手创始人李宁跨越虚拟现实的边界，探索音乐、舞蹈与运动时尚交融的更多可能。2021 年的半年财报显示，李宁公司业绩暴涨 65%，半年营收首次超过了百亿元，几乎赶上了 2018 年全年营收。

创立于 1978 年的百丽是一家布局多元的时尚运动产业集团，拥有鞋类、运动和服饰三大业务，是中国知名的鞋业品牌连锁企业、服饰业零售商。2013 年，百丽市值一度超过 1 500 亿港元，成为中国"鞋王"。但是随着数字化的发展，借助"渠道最大化、供应链快速化"而快速成长的百丽和所有传统零售商一样遇到了客户失焦、角色错位和资源错位的严峻挑战。百丽 2017 年从港交所退市，其私有化也揭开了数字化转型的序幕，一代"鞋王"开始了"大象转身"，整个集团在数字化中的投入为 8 亿～ 9 亿元。百丽 2016 年就已经实现销售数据在线化，2017 年全面启动数字化，2018 年实现门店实时数字化，2019 年实现线上线下货品一体化，2020 年启动组织数字化建设。其数字化建设的具体措施有三点：一是零售端管理实时化，线上线下货品调度一体化；二是供应链端快速反应，数据驱动灵活化；三是 400 万人的脚形数据驱动研发标准化，可控定制化。经过近几年的数字化转型，百丽已经取得了实质性效果。

在这个数字化转型时代，我们的目标就是彻底转型为"智能型企业"，方式是从观念、研发、生产、销售等方面系统性地迁徙，而当前一个合适的抓手和切入口则是MarTech（营销技术）的引入。本书重点通过优秀案例帮助读者了解如何借助MarTech来实现数字化转型。

CONTENTS

目录

▶ **第1章** 社交互联网与新商业超限战 ·············· 001

1.1 互联网技术与企业创新趋势 ·············· 002

1.2 社交媒体与电商平台超限战 ·············· 013

▶ **第2章** 智能型企业和 MarTech 技术 ·············· 023

2.1 人们已经进入智能型企业时代 ·············· 024

2.2 向智能型企业数字化转型的方法论 ·············· 029

2.3 MarTech（营销技术）是向智能型企业转型的核心抓手 034

▶ **第3章** 一张数字化弓箭图背后的营销趋势 ·············· 045

3.1 弯弓数字化弓箭图及其背景 ·············· 046

3.2 内容革命带来营销新趋势 ·············· 050

3.3 企业媒体化和全域运营 ·············· 061

3.4 数据驱动与中台价值 ·············· 068

▶ **第4章** 华住集团的酒店数字化转型路径 ·············· 073

4.1 会员为核心的商业模式 ·············· 074

4.2　华住的产品供应链和用户分层 ·················· 080

第5章　麦当劳、喜茶的用户数字化资产 ·················· 095

5.1　麦当劳将成为数字时代的新"互联网企业" ·················· 096

5.2　喜茶的数字化新营销 ·················· 102

第6章　百果园、良品铺子以数据驱动的中台战略 ·········· 113

6.1　中台及中台建设 ·················· 114

6.2　百果园的中台战略 ·················· 117

6.3　良品铺子基于数据资产的中台战略 ·················· 125

第7章　茵曼、尚品宅配基于数字化的品牌 IP 和内容营销 ··· 133

7.1　品牌 IP 与内容营销 ·················· 134

7.2　茵曼基于数字化的品牌 IP 和内容营销 ·················· 138

7.3　茵曼基于先进数字化能力的直播带货 ·················· 144

7.4　尚品宅配基于内容中台的内容营销 ·················· 147

第8章　屈臣氏、欧莱雅的全渠道数字化运营 ·················· 155

8.1　屈臣氏的全渠道数字化运营 ·················· 156

8.2　欧莱雅的数字赋能营销 ·················· 162

第9章　新一代营销技术企业的赋能技术力量 ·················· 173

9.1　云徙的数字中台技术 ·················· 174

9.2　径硕（JINGdigital）的 SCRM 和营销自动化技术⋯⋯⋯ 189

9.3　"数说故事"：营销数字化的"App Store"⋯⋯⋯⋯⋯ 194

9.4　群脉的企业级私域技术 ⋯⋯⋯⋯⋯⋯⋯⋯⋯⋯⋯⋯⋯ 199

9.5　"快决测"的 CEM 客户体验管理和决策沟通技术⋯⋯ 204

第 1 章

社交互联网与新商业超限战

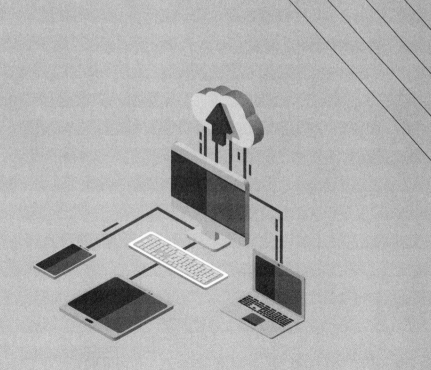

超限战是战争术语，指超越"界限（和限度）"的战斗或战争。这里所指的斗争形态已经不限于传统意义上的战场，还包括了金融、文化、外交等多个领域的缠斗。在移动互联网和新技术的驱动下，传统商业与新商业模式之间、社交媒体和电商平台之间，也处于超限战的状态下。比如在这种状态下，商业竞争已经突破了传统的空间和时间，变成了全方位、全时空的营销，这给企业发展带来了诸多机遇和挑战。

1.1 互联网技术与企业创新趋势

互联网作为经济社会新的底层架构和社会操作系统，已经对各行各业产生了革命性的影响，自然也给企业带来了破坏性创新的挑战。本章内容，主要以文化传媒业为例来说明互联网等新技术对企业创新的影响。

1.1.1 互联网技术从根本上带来了"创造性破坏"

互联网技术作为颠覆性技术，对各产业的影响不是修修补补式的微创新，而是彻彻底底的根本性变革。正如著名经济学家约瑟夫·熊彼特（Joseph Alois Schumpeter）提出的"创造性破坏理论"一样，其在从根本上对旧事物带来破坏性影响的同时，也带来了革命性的创新。

1. 互联网技术本质上是技术平权

（1）信息技术变革的本质都是技术平权。

信息传播在社会经济生活中一直处于至关重要的位置，而技术则在提升信息传播的速度、广度、效率等方面发挥着根本性作用。从文字发明到活字印刷术，到电报技术、广播和电视技术，再到互联网技术，本质上都是技术平权过程。文字发明打破了信息传播的代际限制，使得信息在数千年之后仍然能够传播，但由于只有极少数的人能识文断字，信息传播的范围很小，且只有极少数人的专著能够得到"抄书人"的抄写和流传。活字印刷术在一定程度上打破了距离限制，使信息数量和质量均得到显著提升，也使得更多信息漂洋过海传遍世界。信息传播的受众更多、信息传播的范围更广，此时虽然只有少数人能够出版自己的专著，但是能够表达自己观点的人数在显著增加。电报技术、广播和电视技术在很大程度上打破了时间和距离的制约，千里之外、瞬息可至，信息传播的范围和数量都得到了质的飞跃，受众数量高速增长，受众获取的信息数量和质量大幅度提升，受众知情权与参与权也得到了较大扩展。虽然这 3 种信息传播技术通过平权，为大众带来数量更多、类型更丰富、整体质量更高的信息，受众数量更多且参与度和知情权也得到了较大扩张，但是其本质上依然是"小众传播"的传统传播方式，信息传播的主体和主导仍然是为数不多的精英群体，而普罗大众仍属于被动接受者，他们的参与权和表达权虽获得了较大提升但仍然很低。

（2）互联网技术进行了更为彻底的平权。

互联网技术作为颠覆性技术，为全世界带来了第四次信息技术革命，互联网技术彻底打破了时间制约与距离制约，为用户带来了海量的、丰富的、多层次的、及时互动的信息和知识，同时，用户参与的门槛急剧降低，信息的生产者与消费者之间的界限高度模糊，出现了"产消合一者"新模式，尤其是社交、短视频、直播等互联网新技术进一步降低了用户门槛，使用户的参与权和表达权得到了更大的扩张。信息传播真正从之前的"精英传播"转变为全员参与的"大众传播"，人人都有麦克风，人人都可以是自媒体，愿意参与和表达的普通用户都可以借助新传播技术积极参与和尽情表达，并借此获得数字资产，获得互联网红利。

2．互联网规律带来全新市场和效应

这得益于摩尔定律、梅特卡夫定律、吉尔德定律等互联网新定律，因此产生了边际成本趋向于零效应、马太效应、双边市场效应等效应，同时带来了诸多巨大的新机会和新市场。

（1）互联网的三大基本定律。

摩尔定律，由英特尔公司的联合创始人戈登·摩尔（Gordon Moore）于1965 年提出。该定律的核心内容是存储器等相关互联网产品的性能每隔 18个月左右会翻番，且每 9 个月价格会下降一半，价格的下降幅度远远大于性能提升的幅度。这使得大数据的存储和使用成为可能，且可以基于云计算、大数据和人工智能等新技术来打造用户数以亿计甚至十亿计的生态系统。

梅特卡夫定律，由罗伯特·梅特卡夫（Robert Metcalfe）于 1993 年提出。该定律指的是互联网网络的价值与互联网用户数量的平方成正比，这也是互联网平台企业纷纷通过各种免费手段吸引海量用户的根本原因，只有打造用户规模巨大的生态系统才能充分体现互联网生态系统的价值。

吉尔德定律，由乔治·吉尔德（George Gilder）于 20 世纪 90 年代末提出。内容是主干网宽带的增长速度至少是运算性能增长速度的 3 倍，即主干网的宽带将每 6 个月增加一倍。正是移动通信基础设施的高速发展，为互联网提供了更快的网速和更宽的宽带。

（2）互联网技术带来全新效应。

互联网技术本身的特点和规律，使互联网具有了不同于之前的效应，如规模收益递增效应和双边市场效应，或是比之前更加显著的效应，如马太效应。在规模收益递增效应方面，互联网的前期成本很高，随着用户数量的快速增加，边际成本则呈现快速下降趋势，而到了用户规模的临界点，边际成本开始趋近于零。由于互联网边际成本趋近于零的特点和梅特卡夫定律的作用，互联网呈现规模收益递增的特点，马太效应也更加明显。在传统产业中，虽然也存在显著的马太效应，20% 的头部企业一般会占有 80% 的市场份额，但由于互联网的规模经济效应，互联网的马太效应更为明显——10%的头部企业会占有90%甚至更多的市场份额，这也是互联网平台型企业想方设法扩大用户规模和生态系统边界的根本原因。

所谓双边市场效应，是指两组参与者需要通过中间层或平台进行交易，而且一组参与者加入平台的收益取决于加入该平台的另一组参与者的数量，这样的市场称作双边市场。双边市场供需的进入，都会有正外部性，形成更为良性的生态系统。例如，在阿里巴巴的电商生态系统中，更多的商户能够给用户提供数量更多、种类更为丰富的商品，而更多的用户则能够为商家带来更多的销量和利润。正是因为互联网的双边市场效应，互联网生态企业的规模更大、用户数量更多，则各类服务和产品体验更好。

3. 互联网尚在快速进化中

虽然互联网进入我国只有短短20多年的时间，但是已经从Web1.0阶段快速进化到Web3.0阶段，未来还会进化到新阶段。

（1）PC互联网是Web1.0阶段。

Web1.0阶段的显著特点是基于海量的空间，可以把全国乃至全球的海量信息汇集起来，提供给全国乃至全球的网民，把更多的网民纳入信息服务的范围，变传统的"精英传播"为真正的"大众传播"，进一步扩大网民的知情权。但是由于其网络使用费用较高、尚缺乏有效的互动技术，导致网民规模仍没有得到充分挖掘，网民的参与权和表达权相对较低。

（2）社交互联网是Web2.0阶段。

Web2.0阶段既能更好地实现网民之间的互动，又能让网民通过博客、微博等来展现自己，同时在海量的信息里增加了大量的自媒体内容，丰富了内容的类型，不仅使网民的知情权得到了更好的满足，而且能够较好地使网民参与和展示自己。相较于博客，微博的进入门槛更低，更多文化素质相对较低的网民可以借此表达和展示自己。尤其自 3G、4G 的大规模商用以来，人们进入移动互联网时代，之前没有消费互联网能力的低收入人群可以通过一部低端智能手机上网，这使得互联网覆盖了更多的网民。

显然，在社交互联网下，信息数量更大，类型更多元，用户数量更大，知情权更大；用户能够更好地互动，参与权和表达权进一步扩大。但其仍然有三个方面需要进一步提升：一是用户的主导权需要进一步提升；二是文化程度较低的用户需要更多的参与权和表达权；三是信息过载难题需要有效的解决办法。

（3）智能互联网是 Web3.0 阶段。

基于大数据、人工智能等新技术的智能互联网，使得互联网发生了如下变化：用户在信息选择时掌握主导权，信息的主导权已经从媒体和互联网运营者手中快速转移到用户手中；短视频等媒介形式的出现极大地降低了门槛，即使不识字的用户也可以借助短视频很好地展示和表达自己，用户的表达权和展示权得到了很大限度的释放，还可以在互联网上吸引一定量的用户，进而拥有数字资产。

1.1.2　互联网对企业创新的影响机制

互联网对企业创新的影响机制，主要体现在新理念、新用户（用户规模、用户权利）、新应用、新业态、新产业、新商业模式等方面。

1．新理念：互联网思维

互联网思维不同于之前的工业思维，其核心是用户体验为王，即以用户为导向，以体验为核心，以更好的体验来满足用户的需求和吸引用户。互联网思维的核心是用户连接、迭代创新、不断试错等。

（1）更紧密的用户连接。

互联网的强互动能够促使用户更愿意进行互动，并且更愿意把互联网应用情况反馈给互联网企业，且大数据和人工智能技术能够更好地为用户精准画像，能够与用户之间建立更好的连接。

（2）快速迭代创新。

由于互联网企业的产品和应用与用户之间建立了紧密的连接，因此互联网可以根据用户的使用情况和反馈情况，及时完善产品和服务中出现的问题，通过快速迭代创新这种微创新为用户提供更好的使用体验。这种快速迭代创新在互联网出现之前是不可能实现的。

（3）不断试错。

一方面，互联网作为新生事物，很难一开始就确定所有的发展路径、商业模式与盈利模式，而需要不断试错来找到适合自身的商业模式与盈利模式；另一方面，互联网可以不断快速迭代的特点，也使互联网不断试错成为可能，并保障其可以取得更好的效果。

2. 新用户：用户规模与用户权利大幅度提升

（1）目前，我国网民数、手机网民数和移动互联渗透率位居世界第一。

互联网极大地扩大了文化影响的人群和范围，把数以亿计的用户纳入文化的服务范围。我国互联网文化的用户规模从无到有、从少到多，网民规模从 2002 年 12 月的 5 910 万人增长到 2020 年 12 月的 9.89 亿人，增长了15.73 倍，2002 年、2007 年网民规模同比增速均超过 50%；网络普及率从2002 年 12 月的 4.6% 增长到 2020 年 12 月的 70.4%；手机网民数从 2007 年的 0.504 亿增长到 2020 年 12 月的 9.86 亿，增长了 18.56 倍；2008 年手机网民规模实现翻番，2009 年手机网民规模接近翻番；手机网络的渗透率从 2007年的 24.0% 增长到 2020 年 12 月的 99.7%，尤其需要指出的是，我国手机网络的渗透率早已经是世界第一，如表 1-1 所示。

表 1-1　2002 年 12 月—2020 年 12 月我国网民、手机网民规模

年份	网民			手机网民		
	规模（亿人）	增速（%）	普及率（%）	规模（亿人）	增速（%）	渗透率（%）
2002 年 12 月	0.591	75.4	4.6	—	—	—
2003 年	0.795	34.5	6.2	—	—	—
2004 年	0.94	18.2	7.3	—	—	—
2005 年	1.11	18.1	8.5	—	—	—
2006 年	1.37	23.4	10.5	—	—	—
2007 年	2.10	53.28	16.0	0.504	—	24.0
2008 年	2.98	41.90	22.6	1.176	133.33	39.5
2009 年	3.84	28.86	28.9	2.334	98.47	60.8
2010 年	4.573	19.09	34.3	3.027	29.69	66.2
2011 年	5.131	12.20	38.3	3.556	17.48	69.3
2012 年	5.64	9.92	42.1	4.20	18.11	74.5
2013 年	6.176	9.50	45.8	5.00	19.05	81.0
2014 年	6.488	5.05	47.9	5.568	11.36	85.8
2015 年	6.883	6.09	50.3	6.198	11.31	90.1
2016 年	7.313	6.25	53.2	6.953	12.18	95.1
2017 年	7.72	5.57	55.8	7.527	8.26	97.5
2018 年	8.285	7.32	59.6	8.17	8.54	98.6
2019 年 6 月	8.545	—	61.2	8.468	—	99.1
2020 年 3 月	9.036	—	64.5	8.969	—	99.3
2020 年 12 月	9.89	—	70.4	9.86	—	99.7

资料来源：根据历年《中国互联网络发展状况统计报告》整理

（2）移动互联网为企业的创新丰富了用户群体。

在互联网出现之前和 PC 互联网时代，创新产品和服务主要服务于中高收入群体，由于手机价格和上网费用相对较高，绝大多数低收入群体很难享受到互联网产品和服务。2009 年我国 3G 牌照正式发放，智能手机的价格大幅下降，低收入群体也可以利用价格便宜的手机上网，从而促进了我国网民和手机网民规模保持了较高的增长速度，且数量众多的低收入网民丰富了我国网民结构。这在给我国互联网带来巨大的移动互联网红利的同时，也给传

统产业带来了破坏性创新，主要体现在三个方面：一是对传统文化企业带来破坏性影响。由于绝大多数低收入群体并不是传统文化传媒企业的受众，对传统文化传媒企业缺乏基本的信任感、忠诚感和依赖感，因此当移动互联网到来之后，他们直接转移到了移动互联网产品和服务上，在助力移动互联网快速发展壮大的同时，给传统文化传媒企业带来了致命性打击。二是规模巨大的低收入群体除了成为互联网产品和服务的用户之外，还有不少人成为自媒体，为互联网带来了更接地气的内容，丰富了互联网的内容。三是互联网产品和服务更为多元和丰富，以快手、字节跳动等为代表的新一代智能互联网企业，充分获得了移动互联网红利，为各种各样的创作者提供了技术先进的平台，使更为多样化的内容创新纷纷涌现，打造了规模更大、内容更丰富、生态更良性的生态系统。

（3）网民权利大幅度提升。

一是数字鸿沟得到显著改善，城乡互联网普及率差距大幅度缩小，乡村的用户获得更多的机会。毫无疑问，我国城市与乡村之间仍然存在较大的数字鸿沟。而随着互联网的快速普及，城乡之间的数字鸿沟在大幅度缩小，中国互联网信息中心（CNNIC）发布的第 47 次《中国互联网络发展状况统计报告》（以下简称《报告》）显示，从 2017 年 6 月到 2020 年 12 月底，我国城市的互联网普及率从 69.4% 上升到 79.8%，而农村的互联网普及率从 34.0% 上升到 55.9%。二是四五线城市和乡村的用户权利显著改善。在城乡数字鸿沟大幅度缩小的情况下，即使是文化水平较低的农民，其表达权和展示权也得到了很大的拓展，使更多的用户拥有更多的数字资产。例如，截至 2021 年 11 月 18 日，李子柒在抖音上的粉丝为 5 511.1 万人，并打造了自己的品牌；山东广饶的农民本亮大叔成为快手红人，其在快手上的粉丝量高达 1 754.7 万人，年收入轻松过百万元。

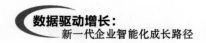

3. 新应用、新业态：层出不穷

（1）互联网技术既可以赋能现有业态又可以创造出全新的业态。

以文化传媒业为例，既可以把互联网与新闻业、图书业、电视业、广播业、动漫业有机结合，打造网络新闻、网络文学、网络视频、网络音频、网络音乐、网络游戏等新产业，又可以创造出新的互联网形态，如短视频、网络直播等。

（2）互联网文化传媒新应用的使用时长整体占比很高。

《报告》显示，在互联网新应用当中，使用时长占比最长的是即时通信（13.7%），除了即时通信和在线教育两类新应用之外，其他的多为互联网文化传媒新应用。互联网各类应用的使用时长占比如表1-2所示。

表1-2　互联网各类应用的使用时长占比

排位	应用类型	使用时长占比（%）
1	即时通信	13.7
2	网络视频	12.8
3	网络音频	10.9
4	短视频	8.8
5	网络音乐	8.1
6	网络直播	7.3
7	网络游戏	6.6
8	在线教育	5.9
9	网络新闻	4.7
10	网络文学	4.6
	其他	16.7

资料来源：根据CNNIC第46次《中国互联网络发展状况统计报告》资料整理

（3）互联网文化传媒业的新应用、新业态的用户规模巨大。

根据《报告》显示，截至2020年12月底，我国网络新闻、网络游戏、网络视频和短视频的用户规模分别为7.43亿人、5.18亿人、9.27亿人和8.73亿人；手机网络新闻、手机网络游戏、手机网络音乐的用户规模分别为7.41

亿人、5.16 亿人、6.57 亿人，如表 1-3 所示。尤其需要指出的是，互联网平台架起了不同亚文化圈层之间的沟通桥梁，由于相对封闭而难以被外界所关注的亚文化圈层被放在所有圈层的关注之下，进而倒逼文明程度较低的亚文化圈层不断向前进化。

表 1-3　2020 年 12 月互联网文化传媒应用用户规模

应用	用户规模（万人）	网民使用率（%）	应用类型	用户规模（万人）	网民使用率（%）
网络新闻	74 274	75.1	手机网络新闻	71 408	75.2
网络游戏	51 793	52.4	手机网络游戏	51 637	52.4
网络视频（含短视频）	92 677	93.7	—	—	—
短视频	87 335	88.3	—	—	—
网络音乐	65 825	66.6	手机网络音乐	65 653	66.6
网络文学	46 013	46.5	手机网络文学	45 878	46.5

资料来源：CNNIC：第 47 次《中国互联网络发展状况统计报告》

4. 新产业：高速发展

互联网赋能产业创新，创造了诸多新产业，这些产业规模巨大，且正处于高速增长通道中。

（1）2020 年我国网络广告收入增长很快。

《报告》显示，2020 年我国互联网广告总收入 4 966 亿元，同比增长 14.4%；到了 2021 年，互联网行业实现广告收入 5 435 亿元，同比增长 9.32%，增速虽然放缓，但仍保持稳健增长态势。

（2）我国游戏产业销售规模不断增长。

中国音数协游戏工委和中国游戏产业发展研究院联合发布的《2020 年中国游戏产业报告》（以下简称《游戏报告》）显示，2020 年我国游戏产业实际销售收入为 2 786.87 亿元，同比增加 478.1 亿元，同比增长 20.71%，远高于

2019 年的同比增速（7.7%）。2021 年，我国游戏产业实际销售收入 2 965.13 亿元，同比增长 6.4%。

（3）从 2018 年开始，中国电商直播行业成为风口。

2019 年，网红的强大流量和变现能力进一步催化电商直播迅速发展。2020 年我国直播电商行业呈爆发式增长，市场规模相较于上一年增长 121%，达 9 610 亿元。中商产业研究院预计 2022 年中国电商直播市场规模将进一步上升至 15 073 亿元。

（4）中国电子竞技市场发展迅速。

根据《2021 年度电子竞技产业蓝皮书》，随着产业规模持续扩大，产业联动效应不断提升。2020 年，我国电竞产业增长速度引领全球，总产值约合 751.98 亿元，成为我国国民经济又一强劲的增长点。2021 年，中国电竞行业市场规模将达到 1 736 亿元，增幅高达 130.8%，预计 2022 年仍将有超过 10% 的增幅。

（5）互联网领域出现了一批卓越企业。

在互联网领域尤其是互联网文化领域，出现了一批可以与国外互联网巨头相媲美的卓越企业，主要代表是腾讯、阿里巴巴、字节跳动、百度、快手等。据报道，字节跳动 2020 年总收入将近 2 366 亿元，同比增长 111%，其中广告营收约为 1 750 亿元，电商业务营收约为 60 亿元，直播流水为 450 亿～500 亿元，游戏版块流水为 40 亿～50 亿元，教育收入为 20 亿～30 亿元。根据快手财报，其 2020 财年总收入为 580 亿元，较 2019 年总收入 391 亿元增长 48.3%。从对总收入贡献比例来看，线上营销服务占比 37.2%，直播业务占比 56.5%，其他服务占比 6.3%。

5. 新商业模式：免费 + 收费的商业模式

互联网基于边际成本趋近于零与规模收益递增的本质特点，其商业模式的本质是"免费+收费",即先通过免费的功能来吸引足够数量的用户,再通过增值服务来实现商业价值变现。具体到互联网文化传媒企业,其先通过免费的新闻、娱乐等服务吸引用户来使用其产品和服务,在前期甚至通过各种补贴来获取用户,然后在获取足够数量的用户基础上再通过各类增值业务来收费。

1.2 社交媒体与电商平台超限战

随着5G、大数据、人工智能等新技术的快速发展,以及短视频、直播、社交等营销方式的出现,社交媒体与电商平台之间的界限由以前的分明变得模糊,互联网巨头以及企业与企业之间开始进入平台"超限战"。

1.2.1 直播电商高速发展

(1)我国网络零售业发展迅猛。

《报告》显示,自2013年起,我国已连续8年成为全球最大的网络零售市场。2020年,我国网上零售额达11.76万亿元,较2019年增长10.9%。其中,实物商品网上零售额为9.76万亿元,占社会消费品零售总额的24.9%。截至2020年12月,我国网络购物用户规模达7.82亿人,较2020年3月增长7 215万人,占网民整体人数的79.1%。

(2)直播电商成为数字经济新模式。

《报告》显示,截至2020年12月,我国网络直播用户规模达6.17亿人,其中,电商直播用户规模为3.88亿人,较2020年3月增长了1.23亿人,占网民整体人数的39.2%。网络直播成为"线上引流+实体消费"的数字经济新模式,正在蓬勃发展。直播电商成为广受用户喜爱的购物方式,66.2%的直播电商用户购买过直播商品。

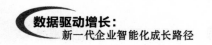

1.2.2 社交电商是社交媒体和电商平台超限战的前奏

我国电商经历了多个发展阶段，社交电商是其中的重要阶段。2015年可以说是社交电商的"里程碑"年份，这一年的5月，出现了一些由社交驱动的精品会员电商平台，9月，专注于C2B拼团的第三方社交电商平台——拼多多正式上线。社交电商是社交和电商的有机结合体，在微信逐步成为社交巨型平台时，社交和电商的结合就成了天作之合。微信为社交商业提供了极为有利的条件。一是微信的用户规模巨大。二是微信不仅是即时通信工具，更是客户关系管理系统的有力工具，一方面，微信的标签、备注、分组等功能能够高效地对目标用户分组，可以针对不同的目标用户推介不同的电商产品；另一方面，微信群、朋友圈、私信及公众号则成了效率极高的传播工具，可以依据兴趣、业务、同事、同学、朋友、活动等来建群，整体来说，微信群、朋友圈和私信都是很好的口碑传播的工具。三是微信提供良好的信任背书，能够让用户更加信任。四是微信的支付接口权限大，微信红包、转账功能更好用。在微信这一巨型社交平台上，一些微商操盘手具有很强的策划和包装能力、目标管理能力、团队管理能力，推动了微商的快速发展。到了2015年，微商开始采取更为精细化的管理手段，而基于微信的三级分销系统顺势而生，让每一个大型的直销团队以及品牌方都拥有了一套先进的管理体系。微信利用其巨大的社交优势，大力投资社交电商，以期在电商领域追赶阿里巴巴。在三级分销系统的助推下，我国社交电商迎来了爆发式增长，在一定程度上对阿里巴巴和京东形成了挑战，目前已经有拼多多、有赞等企业上市。

社交电商之所以能快速发展，得益于基于电商的社交属性。在传统商业时代，形成了相对完善的批发商流通体系，主导者为各级批发商，这种模式的物流成本高、时间长，且消费者体验较差。在电商时代，主导者为阿里巴巴、京东等电商平台，其通过互联网渠道来获客，借助互联网、大数据和人工智能等技术，既可以让用户方便高效地获得商品（人找货），也可以让商品与潜在的用户实现精准匹配（货找人），能够不断降低获客成本和提升交易的撮合效率。这种模式的物流速度快，用户体验较好。而在信息严重过载的当下，基于社交关系的社交圈层化成为新趋势，其结果就是在多个平台形成无数个小的关节点，每个关节点都有自己的专业领域和独特价值，吸引了或多或少的铁杆粉丝，从而关节点就可以充分利用各个平台的现有能力来开展电商业务。该模式的优势在于用户忠诚度高、获客成本相对低。基于对传统商业、电商和社交电商的上述分析，可以看出，虽然它们都具有"商"的基本属性，但社交电商的本质特征是社交属性。

基于社交关系的社交电商可以分为社交分享电商、社交内容电商和社交零售电商3种模式。其中，社交分享电商利用微信等社交平台的系统化工具，设计激励政策来鼓励用户分享，进而实现商品的裂变式传播与交易[1]。这种模式采取用户拼团砍价等方式，借助社交力量来吸引下沉用户，以此实现销售裂变的目标。这种模式的最大优势是可以用较低的成本来获得三四线及以下城市与农村的用户，获客成本较低。而要玩转该模式，一方面需要基于海量用户群，如微信和小程序支持的拼多多，淘宝支持的淘宝特价版，腾讯和京东支持的京东拼购等；另一方面则需要极高的供应链效率和运营监管能力。拼多多无疑是社交分享电商模式的集大成者。一是在玩法方面，主要有直接去拼团、邀请参与拼单、邀请助力（砍价免费拿、团长免费拿、助力享免单）与分享互惠（现金签到、分享领红包)4种。无论哪种玩法，分享都是其核心，决定着广告价值、流量转化价值、拉新转化等关键指标。二是在用户方

---

1 注意使用该方式时一定要遵守相关法律及平台规则。——编者注

面分为分享用户、不分享用户和被分享用户3种。其中，分享用户作为平台老用户，擅长并乐于利用各种优惠玩法；不分享用户一般直接参与拼团，主要关注性价比高的商品，属于相对理性的消费用户；被分享用户属于被动触发，其核心在于拉新转化和留存激活。

社交内容电商基于高质量内容而把拥有共同兴趣爱好的用户汇集为社群，然后再引导用户进行裂变式传播与交易。该模式分为平台和个体两种形式，其中平台包括微信、微博、快手、抖音、今日头条等，而个体则包括网红、"大V"、达人等，其能够基于社交关系和口碑来大幅度降低选择成本和帮助决策。社交内容电商具有两方面的优势：一是基于内容所形成的用户群体相似度更高，具有类似的痛点和需求，传播效果更好，互动性更强；二是用户作为铁杆粉丝，忠诚度高，转化和复购率高。其劣势在于：一是要求具备可持续的高质量的内容输入能力；二是需要找到与内容高度契合的优质商品；三是对运营能力要求极高。社交内容电商的平台代表是小红书、蘑菇街、抖音等。其中，小红书以图文分享为主，热门的评测会分析产品成分、科技含量、体验感、使用场景等，能够更容易让用户信服。其主要有"大V"爆款推荐、网红联动霸屏和红人种草测评3种玩法，其中"大V"爆款推荐以小红书"大V"为主，中部、尾部网红账号为辅，广度扩散、深度影响、多维度提升品牌势能。蘑菇街的主要特点是建立专业导购平台，邀请"大V"专业导购，更容易提升用户黏性。尤其是通过小程序构建"直播＋社交＋电商"的场景，成为具有代表性的电商直播小程序。抖音则基于大流量，通过炫酷的视频内容来展示产品功能，进而引发网友的跟风和抢购。社交内容电商的个体代表则是网红和内容创业者，如罗辑思维、黎贝卡的异想世界等。

社交零售电商基于社交工具和场景，把自身个人社交圈的人脉通过商品销售变现。该模式分为直销（B2C）和分销（B2B2C）两种。其中，直销是自营/开放型社交零售平台、线下实体店利用相关工具搭建商城将商品直接推向 C 端消费者，由平台承担选品、品控、物流、仓储及售后等服务的模式；分销则是平台直接面向小 B（一线销售人员）用户，再通过小 B 用户面向 C 端用户。该模式具有如下特点：一是零售去中心化，渠道运营更加灵活、轻便；二是渠道体量庞大、顾客黏性高；三是渠道自带流量，商品流通成本低。

除了拼多多和小红书之外，淘宝、京东、国美等巨头也先后实施自己的社交电商战略。淘宝推出淘宝精简版，京东与战略合作伙伴芬香正式对外发布邀请会员制的社交电商平台，国美推出"国美美店"，试图通过组团、立减、超级返 3 种玩法进入社交电商市场。但随着市场竞争环境的变化，巨头的打法也不得不跟着调整，甚至因"水土不服"而退出该领域竞争。以国美为例，2018 年成立"国美美店"，主打线上零售，2021 年 1 月又进行迭代，推出"真快乐"App，试图通过"乐"与"购"的社交模式打造，提升自己的线上营销能力。但是，作为昔日的线下零售巨头，国美的线上旅程并不如意。根据2020 年财报，由于受到新冠肺炎疫情的影响，国美亏损 69.9 亿元，而线上收入占比只有 17%。

1.2.3 直播电商超限战

直播电商作为内容电商的最新形式，以"现场＋同场＋互动"的本质特点，实现了内容多维度的升级，能够通过更紧密的互动与用户建立难得的更为长久的"信任感"，可以更好地输出品牌价值，真正实现"品效合一"。在移动通信技术的快速创新下，直播电商蓬勃发展，2019 年以来各大社交媒体平台和电商平台等也在不断破圈。无论是传统电商、社交电商、内容电商，还是短视频平台都充分意识到直播电商的巨大潜力，投入巨大的资源（主要包括流量、资金、人力等）培育直播电商，引导用户消费习惯。各大平台纷纷入局直播电商，掀起了社交媒体和直播电商的超限战。

淘宝等内容电商提前布局直播电商。从传统电商不断迭代到移动电商，再迭代到内容电商的淘宝，由于用户停留时长相对较短，而一直处于流量焦虑状态，为了顺应新趋势，其采取自我创新和借船出海两种方式来布局直播电商。淘宝内部在内容电商的基础上大力扶持直播电商，以增加用户停留时长。其早在 2016 年就试水推广直播电商，内部孵化网红并投入大量资源，带动 GMV（Gross Merchandise Volume，商品交易总额）增长。

淘宝在直播电商的发展中经历了如下节点：2016 年开创了"生活消费类直播"，采取"达人 + 商业化"思路，重点在于提升内容生产力；2017 年大力拓展"新生态、大直播"，营造"红人、海外、特色卖家"的生态，重点在于 PGC（Professional Generated Content，专业生产内容）和品牌商，并提出了"横向拓展、五大升级"的具体路径；2018 年实现全面渗透，目标是"600家 + 直播机构"，81 名主播实现成交额过亿元，通过官方电视台进行广泛传播，大力拓展品牌、原产地、线下货源等；2019 年要求扩大规模，即利用3 年的时间，打造 5 000 亿元的市场规模。2019 年被定义为直播电商元年，淘宝直播独立 App 上线，电商直播全面爆发。

淘宝在电商行业率先开启直播业务，孵化出一批知名主播，不断提升直播在生态内部的权重，推动商家入驻直播平台。淘宝在扶持直播电商发展方面投入如下资源：一是加大流量分发，2019 年 70% 的流量引导到淘宝直播；二是淘宝直播启动百亿元扶持计划，为商家、主持、机构提供专业化培训和激励；三是在导航栏中设立"微淘"板块，直接推荐正在直播的常访问店铺。同时，阿里巴巴也通过外部投资与战略合作的方式为淘宝引流。一是投资了小红书、B 站等新兴互联网平台；二是与抖音签订金额为 70 亿元的战略合作协议，抖音开通"直达淘宝"功能为淘宝引流。

除了电商龙头淘宝之外，京东、拼多多等电商平台也推出了直播电商业务。

短视频平台大力扶持直播电商的势头更猛。抖音、快手等短视频平台得益于各种红利，快速成长为互联网巨头，沉淀了数以亿计的用户，并探索出了各类商业变现方式，而直播电商是最新的价值较大的商业变现方式。

快手平台强调不打扰用户，呈现去中心化特点，并大力鼓励腰部主播成长。由于形成了强关联的生态，主播与粉丝之间的信任感和社交关系属性较强。在商业模式的探索上，其早期以粉丝打赏收入为主，2018 年后开始探索广告、直播带货等变现模式，并投入资源大力扶持原产地、产业带、工厂直供、电商达人等类型电商销售。在直播电商方面，快手做了如下探索：2018 年 6 月上线快手小店，打通淘宝等平台，并支持短视频直播带货；2018 年 10 月推出快手营销平台，建立商业矩阵；2019 年 6 月打通拼多多入口，快手小店升级，支持微信；2019 年 8 月，调整快手电商技术服务费比例，打通快手小店与京东联盟；2019 年 12 月，快手电商发布"麦田计划"，确定未来快手电商发力的六大方向，同时升级快手小店，实现 App 内部直播下单；2020 年 5 月，快手高调上调 2020 年的目标 GMV 至 2 500 亿元，是 2019 年的近 10 倍。

抖音平台以中心化为主，在利用大数据、人工智能等新技术对用户偏好进行深刻洞察的基础上，推荐给用户精品化、个性化的内容，优质短视频被算法识别后会得到加持并推送给大规模用户，其流量大、曝光率高，但主播与粉丝的社交关系较弱。商业模式以广告为主，约占收入的 90%。为了拓展新盈利模式，抖音逐步开始探索商城和电商直播。2017 年 9 月，今日头条上线"放心购商城"，可接入抖音；2018 年 3 月，抖音上线购物车功能，支持跳转到淘宝；2018 年 4 月，电商广告投放系统"鲁班"与抖音打通；抖音购物车功能全面开放；抖音推出精选好物联盟，并接入放心购物商城；抖音公布与京东等平台打通，支持网红带货，同期推出小程序电商；抖音上线商品搜索功能；2019 年 3 月，抖音推出直播电商，并引入一些"大 V"和董明珠等明星企业家进行直播。

微信生态也不甘示弱，腾讯直播于 2019 年 3 月进场，微信小商店也已悄然问世。

1.2.4 企业已进入超限战时代

可以说，电商直播几乎是最佳的"品效合一"平台。其一方面直接带来线上销售额增长，爆款产品迅速放量，实现良好的销售业绩；另一方面通过主播与粉丝的互动，借助粉丝效应更快地让用户认知品牌，强化用户对企业品牌的价值认同。2020 年新冠肺炎疫情在全世界蔓延，导致线下客流进一步减少，企业不得不转向电商尤其直播电商平台进行销售，这就要求企业将更多资源投入直播电商。在具体实践中，企业在进行品牌营销时，从大水漫灌式投放转入精细化运作，注重选用带货能力强的主播，实现"品效合一"的效果营销。

同时，企业也积极构建私域流量体系。一是直播电商能够帮助商家与用户建立连接。互联网成功的重要因素是迭代创新速度快，而核心就是与用户建立及时的互动。商家通过直播能够直达粉丝，与用户进行及时的互动和沟通，快速了解用户对产品和服务的反馈，并迅速传达到研发、设计端进行产品优化和二次研发，大幅度提升迭代创新效率。二是通过把公域流量导入私域流量领域，构建用户生命周期管理，与用户进行深层次沟通，实现流量的不断复用。例如，耐克构建了私域体系，在公域营销方面，通过品牌宣传片塑造品牌形象，并通过商品打折促销吸引用户下载官方 App；在私域运营方面，营销过程中引导用户成为会员，引导会员添加公众号，进入小程序直播间跟课打卡，还引导用户下载 Nike Training Club，形成忠实用户的健身社区，如图 1-1 所示。

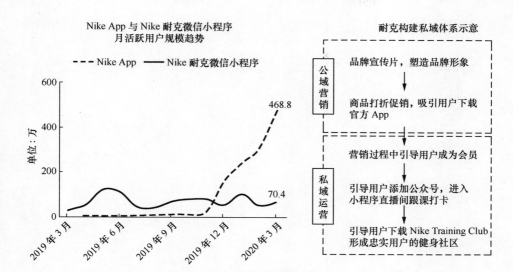

图 1-1 Nike 的私域体系构建

资料来源：QuestMobile TRUTH 中国移动互联网数据库 2020 年 3 月

更重要的是，直播电商需要企业建立"快反"模式。目前，直播电商的运营有两个未知：一是在直播之前，主播不知道能够销售多少货物；二是主播卖完了不知道退货情况怎么样。这意味着，直播电商销售不仅受时间限制，销售额还存在很大的不确定性，企业如果按照之前的生产模式就会存在两种矛盾，如果备货太少，会担心不能按时发货；而备货太多，又会担心销售额太少而造成大量库存。因此，直播电商需要企业彻底再造自身的生产方式，改为单件流生产模式——即"快反"生产模式。例如，湖北浪力奇服饰公司就是湖北省第一个成功地把传统包流改为单件流生产模式的服装工厂。

显然，无论是哪种企业，面对互联网带来的超限战，都必须进一步提升自己，告别传统营销的冷兵器时代，进入数字化营销的热兵器时代，从而提高自己的生存率。

第 2 章

智能型企业和 MarTech 技术

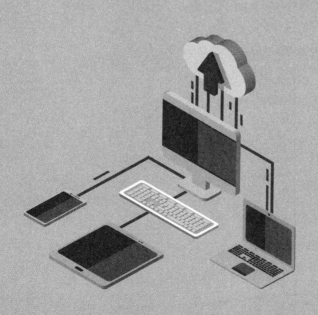

人们正在阔步进入智能化时代。新冠肺炎疫情期间，由于线下接触场景减少而带来的线上营销"强制性体验"，使得很多企业意识到，必须进行数字化转型才能赢得未来市场的生存空间。清华大学全球产业研究院发布的《中国企业数字化转型研究报告（2020）》显示，目前行业头部企业的数字化转型已经从"可选项"成为"必选项"，六成左右参评企业将数字化转型工作视为重中之重，并制定了清晰的数字化转型战略规划。可以看出，在数字化时代，所有的企业与从业人员亟待积极向"智能型企业"转型。

2.1　人们已经进入智能型企业时代

如果从改革开放算起，中国的企业营销经历了三个不同的发展阶段——以产定销的物质匮乏阶段、产品丰富且需求旺盛的流量红利阶段，以及经营用户的存量竞争阶段。与前两者在营销上更依靠"人"的主观能力不同，后者更强调对技术的应用，或通过"人机结合"达到更好的营销效果。

2.1.1　数字化是智能型企业时代的本质标志

数字化转型对企业有着极为重要的意义，从本质上讲，数字化是智能型企业时代的最本质特征。2020 年 2 月，黄奇帆曾经在《北京日报》上发表了一篇标题为《数字化为何具有颠覆性》的文章。他认为，数字化主要包含大数据、云计算、人工智能及区块链技术，也就是人们常说的 ABCD。具体来说，云计算是前提，其核心功能在于计算能力、存储能力和通道能力，能够解决算力难题；大数据是人工智能的"核燃料"，没有大数据就不可能有人工智能的出现，其中多元关联的大数据作用重大；人工智能的灵魂是算法，进而通过智能算法形成决策性判断；区块链是新的基础设施，其不仅是生产力的变革，更重要的是生产关系的变革，可以通过新的信任机制大幅拓展人们协作的广度和深度。

黄奇帆认为，数字化之所以具有颠覆性，在于其全空域、全流程、全场景、全解析和全价值的"五全"基因。其中，全空域打破了区域和空间障碍；全流程是对生产生活每一个点的 24 小时的信息积累；全场景打通了生活和工作中的行为场景；全解析是指通过人工智能产生异于传统的全新认知、行为和价值；全价值是指打破单个价值体系封闭，穿透所有价值链。数字化具有的"五全"基因，与任何一个传统产业链结合起来，就会形成新的经济组织方式，从而对传统产业产生颠覆性的冲击。数字化与工业制造相结合，就会形成工业 4.0；与物流行业相结合，就会形成智能物流体系；与城市管理相结合，就会形成智慧城市；与金融相结合，就会形成金融科技或科技金融。

可以看出，在数字化"五全"基因的改造下，当产品制造、物流配送和用户营销都实现智能化之后，未来的企业在数据驱动下，都将成为智能化主体。

2.1.2　智能型企业的场景已经处处可见

数字化的互联网平台毫无疑问是"智能型企业"。比如通过滴滴出行打车，用户只需要在平台输入目标地址，滴滴出行的中台系统就可以根据用户所在位置就近派车，然后规划合适路线，按照最优化的线路把用户送达目的地。整个过程中，用户只需要用手指下达一个命令，系统就可以完成所有匹配，让汽车到达用户所在位置。除了数字化的互联网平台企业之外，其他类型的企业经过近些年的探索，不仅成功实现了数字化转型，而且具有"智能型"特征，因此，这些企业越来越强大。

1. 阿那亚 Aranya 智慧系统的认知革命

根据阿那亚 Aranya 智慧系统改造对比，智慧系统的目的是提升效率，系统本身并不是目的。具体来说，一是用户感觉不到的系统是不错的系统；二是系统的目的是降低劳动强度，快速检索，提供分析；三是系统应将系统流程与人工服务有机结合，为服务人员提供更多的时间与用户交流。阿那亚 Aranya 智慧系统可以从需求、手工、系统、价值等方面进行分析，如表2-1所示。

表2-1 阿那亚 Aranya 智慧系统改造对比表

需求	手工	系统	价值
客户向保安提出服务需求	电话通知，人工验证，等待，等待，等待	自动识别，一键呼叫，随时更新状态	高效、可控，技术指导未来改善方向
客户来到店铺接受服务	凭记忆，交流，服务	系统识别，提示，服务	降低对人的要求，满足扩张的需要，大数据指导下的系统提示更精准
客户需要知道现在的服务状态	电话、微信、等待服务	自助查询状态，一键转人工服务	随时可用，减少人员配备数量
通知客户	电话、微信、反复核对，总有遗漏	系统推送，自动提醒遗漏	精准、不遗漏，可跟踪

资料来源：阿那亚项目 PPT

2. 百果园的中台赋能

百果科技时任 CMO 沈欣是一位营销数字化专家，据他讲述，百果园所服务的水果产业非常特殊，具有产业链长、保鲜期短、损耗大等特征。为了降本增效，百果园这几年一直在进行数字化转型，每年投入1亿多元，建立了600余人的技术团队，打造了强大的中台系统，服务于 ERP（Enterprise Resource Planning，企业资源计划）、电商、金融、物流、营运、营销、质检、种植等各个环节，以保证出品质量。如图2-1所示，百果园的中台系统是一个非常重要的智慧中枢，一方面可以赋能前端，管理庞大的会员和销售系统，通过用户洞察，了解不同用户的需求和爱好；另一方面可以赋能供应链系统，实时反馈用户需求，通过数据了解和指导生产种植情况，实现供需高度平衡。

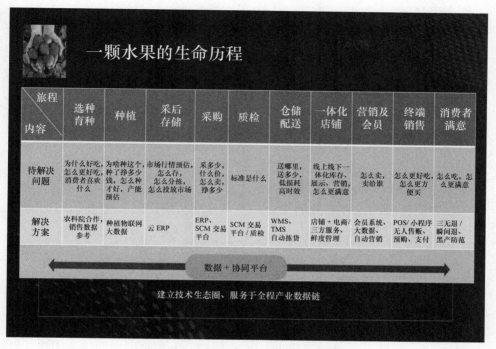

一颗水果的生命历程

旅程 内容	选种 育种	种植	采后 存储	采购	质检	仓储 配送	一体化 店铺	营销及 会员	终端 销售	消费者 满意
待解决 问题	为什么好吃，怎么更好吃，消费者喜欢什么	为啥种这个，种了挣多少钱，怎么种才好，产能预估	市场行情预估，怎么存，怎么分拣，怎么投放市场	采多少，什么价，怎么卖，挣多少	标准是什么	送哪里，送多里，低损耗高时效	线上线下一体化库存、展示、营销，怎么更满意	怎么卖，卖给谁	怎么更好吃，怎么更方便买	怎么吃，怎么更满意
解决 方案	农科院合作、销售数据参考	种植物联网大数据	云 ERP	ERP、SCM 交易平台	SCM 交易平台/质检	WMS、TMS 自动拣货	店铺＋电商、三方服务、鲜度管理	会员系统、大数据、自动营销	POS/小程序、无人售贩、预购、支付	三无退/瞬间退/黑产防范

←——————— 数据＋协同平台 ——————→

建立技术生态圈、服务于全程产业数据链

图 2-1　百果园绘制的水果生命历程图

3. 华住用 IT 精神改造酒店

在业界，华住集团被认为是一家披着酒店外衣的科技公司。从软件系统角度看，经过 16 年的积淀与成长，华住已形成一个强大的技术"中台"。从 CRS(Central Reservation System，中央预订系统)、PMS(Property Management System，酒店管理系统)、RMS(Revenue Management System，收益管理系统)、CRM(Customer Relationship Management，客户关系管理)等酒店营销管理系统，到供应链采购平台，再到无接触服务、自助服务等先进技术的引入，华住把系统化、技术化能力融入商业操作系统，形成了独有的酒店数字化解决方案。

华住十二时辰是对这套操作系统的形象展示，以线下门店为核心，从品牌、市场、金融、供应链、IT 和 AI、投资顾问、品控、产品、培训、云服务、会员、收益等 12 个方面入手布局数字化。凭借强大的中台系统，通过线上赋能线下，实现管店店主工作简化，用户从预订到入住全程无人化。

新冠肺炎疫情期间，正是依靠这套先进的"数字化系统"，华住集团能够敏捷应对市场变化，有效保持业务增长，成为数据驱动型企业的典范。简单来说，即是以经营用户为核心，根据不同用户需求匹配产品，通过技术驱动运营，实现精准营销。

4．筷子科技的人工智能应用

筷子科技能够实现图像的千人千面制作和分发，以及短视频的智能分拆、AI 混剪和脚本推荐。自 2014 年创业以来，筷子科技服务了 130 家全球品牌，但在国内市场的认知度并不高，2020 年情况终于发生了变化。丸美股份公司是筷子科技应用的典型案例。筷子科技 CEO 陈万锋说，丸美这家 A 股上市公司的主营业务是美妆和护肤品，新冠肺炎疫情暴发之后，该公司将 80% 的精力都放在了线上。2020 年初，丸美股份找到筷子团队，提出做手机淘宝投放位图片优化，提升 CTR（Click-Through-Rate，点击通过率）水平的需求。陈万锋发现，当时丸美股份公司的 CTR 上不去，从技术层面上来讲，主要是图片素材单一和更新不够快。他们团队首先用筷子工具制作了几百条多样化的素材，针对不同人群进行测试。在发现不同人群对不同素材的偏好之后，就可以通过筷子系统自动识别 PSD 原稿中的每个创意元素，快速裂变出上百张多样化图片，并按照优惠、功效等多元化人群需求分发，实现千人千面精准推送，如图 2-2 所示。

一轮优化后，丸美股份公司的 CTR 水平比之前至少提升了 15%。2020 年 8 月，由于淘宝调整规则，要求企业店铺必须保证 30% 以上的短视频露出，于是丸美股份公司开始尝试用筷子短视频智能分拆和 AI 混剪技术，解决批量制作难题。意外的是，由于一条母片每天能生成几百条智能创意短视频，不仅满足了多样化露出需求，而且让成本支出降低了 90%。2020 年"双 11"期间，丸美天猫旗舰店 GMV 达到 1 亿元，公司整体成交额为 2.7 亿元，比 2019 年同期增长了 40%。

图 2-2　筷子科技自动生成的海报

陈万锋说，筷子短视频智能制作最大的优势有两个，一是迅速提高制作产能，二是增加投放实效。以抖音为例，该平台每天的企业主短视频露出多达 70 万条，而每 10 条短视频中，最多 2 条能达到平均播放量，大量内容则会被淹没。因此，在"3 秒定生死"的浏览环境中，如何增加有价值的内容投放量和投放频率，就成了企业的迫切选择。

2.2　向智能型企业数字化转型的方法论

企业的数字化转型是一个耗资巨大、耗时很久的系统性工程，任何企业向企业智能化的转型都需要用科学的方法论进行指导，美的集团等企业的数字化转型方法论具有很强的借鉴意义。

2.2.1 企业数字化转型的理论模型

在大数据与人工智能等新技术的驱动下，企业可以很方便地与用户建立有效连接，这就要求企业在进行数字化转型时，以用户为中心，并从观念、组织架构、全价值链、企业文化、人才等方面进行系统化转型。其中，用户时刻处于中心地位，一切都要以用户为中心；以观念为先导，以组织为驱动，以文化为保障，以人才为动力，实现全价值链再造。图2-3为数字化转型模型图。

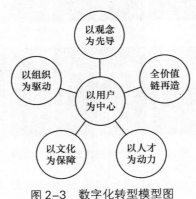

图 2-3 数字化转型模型图

2.2.2 数字化转型的方法论

（1）观念为先导。

观念决定思路，思路决定出路，观念转变是数字化转型的前提。数字化转型要求企业管理者先完成观念转变，并采取切实行动推进全体员工的观念转变，和配置相对充足的资源进行转型。美的集团董事长兼总裁方洪波认为，数字化的推动一定是企业管理者工程，如果管理者不推，永远推不动。企业管理者最重要的角色，就是推动、决策，不断往前推。

在资源调配方面，方洪波认为，在数字化转型方面，现在最艰难、焦虑的决策，是数字化转型的投入。企业每年都要投入几十亿元用于数字化转型，每到这个时候，企业做抉择就很迷茫。企业对数字化转型的投入是无法以肉眼判断、以经验判断的，甚至有时候不知道投资方向在哪里，这是目前最大的困难。

在员工观念转变方面，需要所有人的观念转变。方洪波认为，数字化转型是牵一发而动全身的。它不是某一个人、不是 IT 部门、不是某一个业务单元的任务，而是美的集团每一个部门、每一个业务单元、每一个人都要参与的。

（2）数字化人才队伍的构建。

数字化时代与工业时代存在本质区别，需要搭建理念先进、综合素质过硬的数字化人才队伍，这对于传统企业来说，是一次脱胎换骨式的改变。方洪波认为，今天的数字化技术不但要有了解先进的、各种数字化技术的人才，还要有数字化思维的人才，更关键是人的思维要跟上。数字化转型本质上讲，就是转变人。团队结构不转、思维不转、知识结构不转、能力不转，那就是空谈。美的集团所有的高管都是在工业时代成长起来的，思维都是硬件思维，美的转型就是一个由硬到软的过程，即现有团队都需要把自己的思维、认知改造为软件思维。数字化的人才队伍不仅要掌握数字化技术，了解传统业务的结构，还要知道未来的业务结构，这等于要对业务有非常深刻的理解，还要对未来的业务模式、方法有深刻的洞察力。

（3）组织结构再造。

为了适应新生产流程和人才情况，企业需要对组织结构进行重构和再造。例如，美的集团在设立办公室时，哪里有人才，就设立到哪里去。美的在深圳设立了办公室，在上海也有。其为了更好地适应数据时代快速变化的特点，积极向互联网企业学习，采取大平台、小组织、小团体、小单元、小业务、小分队的数字化转型思路，利用企业的数据、技术，追求敏捷。美的平台上拥有业务中台和技术总台两个核心，前方全是小团队，以区域、产品以及某一个业务板块来划分。

（4）企业文化重塑。

数字化时代的企业文化，核心在于高度重视人力资本。方洪波在谈到美的企业文化转变时认为，美的企业的价值理念要转型，要真正把人力资本这个概念贯彻于企业日常运作的每一天、每一个环节，包括环境、工作的氛围。这主要体现在互联网文化和用户思维文化上，在互联网文化方面，核心在于尊重每一个人，尊重每一个个体，让所有人都在一个非常去中心化的、平等的环境中工作、交流；用户思维文化就是真正把用户思维贯穿于日常的经营管理中，更好地实现用户直达。

（5）全价值链再造。

要真正实现数字化转型，必须实现从研发、生产、营销等全价值链的再造。对于实力强大的企业来说，可以一步到位，实现全价值链再造；而对于绝大多数传统企业来说，不可能一开始就实现全价值链再造，但可以从营销业务进行再造。美的基于数字化的全价值链再造具体措施如下：一是用户连接，低成本直接触达用户，显著提升服务满意度。二是设计研发，以用户使用场景为核心，软硬件平台化，用数据提升产品企划命中率。利用与产品本身功能相关的数据而作的大数据企划，能够更好地帮助美的了解产品需求和产品发展趋势。三是生产制造，柔性生产和供应商协作应对市场需求的快速变化。在柔性生产方面，美的有大量的工艺参数，可用大数据平台管理起来，通过 MES（制造执行系统）和 SCADA（智能监测系统）平台将工艺参数与机台连接起来。这种柔性的效果在于，无论是生产一件产品还是生产 100 件产品，机台、产线都能够灵活应对。最核心的是美的建立了智能化工厂的数据孪生能力，保存了所有过程的数据，而且是实时、透明的数据，并且可以基于大数据平台进行很多预测性的工作。在与供应商协作方面，美的依据排程制定生产计划，然后根据生产计划上传至供应链的云端，与各核心的供应商协作，并且把供应商的生产情况、品质情况、物流情况等，在平台上用数字化的手段全部透明化显示出来，让供应商知道美的订单的情况及下达的送货指令。这种有机协作能够显著提升效率。四是销售渠道，通过一盘货提升渠道效率。美的近几年花大力气做线下渠道的变革，建立了一盘货的体系。现在，各渠道商不需要再备库存，货都放在安得智联的物流仓库里面，渠道商看到有货卖就行了，所有的渠道商都来卖这一盘货，这样渠道库存下降非常多，物流的效率也更高。以前是一台冰箱或者洗衣机进出仓库，会产生大量的物流浪费，而现在产品到了安得智联的仓库之后，安得智联可以送装一体化到用户家里。

美的通过数字化的全价值链再造，实现了全价值链升级，主要体现在四个方面。一是极大地改变了生产方式，改变了与美的相关的所有人员，包括合作伙伴、上下游相关者及美的所有员工，让他们能够采用符合时代趋势的工作方式，用户在手机上动动手指就可以完成安装程序，供应商在手机上也可以完成所有的交易、供货等，很多流程发生了变化；二是极大地改变了企业的运作效率，效率的提升直接缩短了现金周期，提高了周转效率，加快了市场反应速度，缩短了产品开发周期，提高了盈利能力；三是改善了业务方法，业务过程变得更加扁平、快速。四是商业模式创新，包括如何根据需求前瞻性地开发产品，柔性化地制造产品。整个美的企业的商业模式会发生改变。毋庸置疑的是，未来，随着企业价值链高度的数字化，所有的流程、工作方法及业务模式都将彻底改变，加之智能化的推动，美的将成功转型为一家互联网公司。

2.3 MarTech（营销技术）是向智能型企业转型的核心抓手

一般情况下，业界把企业数字化转型分为三大部分，即管理数字化、工业数字化和营销数字化。对于国内实力雄厚的大型企业来说，前两者并不陌生，在中国制造成长为"世界工厂"的过程中，不少企业已经或正在经历 ERP（企业资源管理系统）和工业 4.0 的洗礼。换句话说，很多制造企业正走在通向智能型的路上。但是对于绝大多数传统企业来说，一步到位实现全面的数字化转型不现实，也不可行，直接与用户连接且直接带来销售额的销售环节，则是最容易实施且最容易见效的环节，其应成为数字化转型的核心抓手。至于如何实现销售环节的数字化，根据清华大学全球产业研究院发布的《中国企业数字化转型研究报告（2020）》，企业营销数字化转型的目标，主要集中在提升销售率和利润率、打通客户数据、加强营销协同管理、构建全景用户画像，以及助力精准营销几大方面。可以看出，这些内容都与 MarTech（营销技术）密切相关。而目前国内的 MarTech 产业发展迅速，根据弯弓 Digital、私域流量观察、烯牛数据 2021 年 7 月联合发布的《2021 中国营销数字化 MarTech 发展报告 3.0》统计，截止到 2020 年，该领域共发生 1 200 多起投融资事件，融资总金额超 4 000 亿元。其中，上海是 2020 年最活跃的 MarTech 城市，吸引了超过 300 次投资，吸收了超过 1 000 亿元规模的资金。

2.3.1 营销管理的演变与 MarTech 的出现

菲利普·科特勒（Philip Kotler）是现代营销理论的奠基者，被称为"现代营销学之教父"，他在最新出版的自传里指出，随着数字世界的爆发式发展，旧的营销世界正在消亡。更重要的是，今日的企业已经失去了品牌的塑造权，品牌越来越被网上可以彼此交流的顾客所创造。人们可以通过研究营销学的演进，从 4P、4C、4R 等理论的演变，看看 MarTech 出现的必然性。

（1）杰罗姆·麦卡锡（Jerome McCarthy）的 4P 理论。

20 世纪 60 年代，营销学者杰罗姆·麦卡锡教授提出了著名的 4P 理论，即产品（Product）、价格（Price）、渠道（Place）和促销（Promotion）的营销要素组合，奠定了现代营销的基础。1967 年，菲利普·科特勒又系统性地梳理了 4Ps 营销理论，即产品（Product）、价格（Price）、渠道（Place）、宣传（Promotion）和策略（Strategy），在营销学界刮起了一阵旋风，大大促进了营销学的发展。

但随着第三次信息技术革命蓬勃发展，美国在 4P 理论提出的 20 多年后便走入以知识经济、虚拟经济和网络经济为标志的"新经济时代"。此时，4P 的一些小缺憾开始显现。

主要问题在于，4P 理论的提出是因为产品越来越丰富，人们对一些商品的需求也越来越广泛，于是商家将具有共同消费需求的人集中在一个零售终端里，诸如大型超市、电器城、装饰城……这时便进入以渠道及终端促销为核心的竞争时代，消费者开始定向性地去找产品。但随着产品越来越多和宣传信息越来越丰富，消费者逐渐具备了品牌的意识，开始在广告宣传的引导下去选择产品，这就进入以信息为核心的竞争时代。市场开始进入消费者主动去找产品的时代，单纯的 4P 营销已经不能满足市场的需求。

（2）罗伯特·劳特朋（Robert F.Lauterborn）的 4C 营销理论。

1990 年，罗伯特·劳特朋教授提出了新的 4C 营销理论，即顾客

（Customer）、成本（Cost）、便利（Convenience）、沟通（Communication）。很显然，4P到4C的变化，体现了市场环境发生的根本性变化。一是从产品到顾客的转变，就像新兴的花西子、完美日记、元气森林等新消费品牌，早期都采取代工生产，其产品（Product）并没有什么划时代的新科技或新功能，准确来说其突破口正是顾客（Customer）的需求本身。二是相比全面铺开，元气森林更重视目标顾客（白领）获取的便利（Convenience），因此早期基本集中于连锁便利店——人们可以注意到办公楼附近其实基本都是"7-11"、便利蜂等知名连锁品牌。而对于传统、零散、需要花费大量时间精力去维护的渠道（Place），元气森林公司旗下产品的铺货效率要相对低得多。

虽然4C理论提出了顾客（Customer）这一核心，但也存在弊端。4C理论主要是从群体角度出发的，无法解释营销应用中的问题：对顾客群体的研究，究竟能否产生深刻、基于个体心理的用户洞察？发1 000份顾客调研问卷，真的比和10个真实的顾客喝咖啡更有效吗？把顾客作为一种"用户画像"来看待与理解，往往很难真的走到用户心里去。

（3）艾略特·艾登伯格（Elliott Ettenberg）与唐·舒尔茨（Don E.Schultz）的4R营销理论。

2000年后，在互联网高速发展的背景下，艾略特·艾登伯格和唐·舒尔茨提出了4R营销理论，即关联（Relevancy）、反应（Reaction）、关系（Relationship）、报酬（Reward）。但4R营销理论远未得到像4P、4C等营销理论那样的高度关注，其核心原因是在2000年年初提出4R营销理论，确实显得过于超前了，和当时的现实情况脱节。当时国内还没有微博、微信公众号，甚至连智能手机都没有，再怎么有钱的顾客，手里也只能拿着黑白屏的键盘手机。欧莱雅和"完美日记"穿越到2000年年初，想要卖给顾客一支口红，中间都要隔着层层经销商，难以和顾客建立与维持"关系"？在当时，企业想建立属于自己的媒体或者私域流量，都是可行性极低、成本极高的事。而现在情况发生了根本性变化，不仅企业，甚至每个人都能创建自己的媒体，品牌不再满足于做一张海报或拍一个广告视频，两微（微信和微博）一抖（抖音）、品牌联名、影视与综艺软植入，其核心都是较好地与用户建立连接。

在了解 4P、4C、4R 理论后，应该如何准确定位"用户思维"？其本质就是经营用户关系，这就需要用新的营销理论来指导。

（4）斯科特·布林克尔（Scott Brinker）的 MarTech 理论。

2011 年，美国斯科特·布林克尔教授提出 MarTech（Marketing Technology，营销技术）概念，他认为，营销技术将成为勾勒未来数字化营销场景的重要手段，并绘制了全球技术图谱。目前，在移动互联网发展较快的美国和中国，分别有数千家企业成为 MarTech 的开发者，成为数字营销的核心驱动力。过去几年，在移动互联网和社交红利驱动下，中国营销技术市场的确如火如荼。人们对大数据和技术词汇表现出前所未有的热情，私域流量、SCRM（Social Customer Relationship Management，社会化客户关系管理）、数字中台，甚至被造出来的 KOC（Key Opinion Consumer，关键消费者）成为人们关注的热点。私域流量等新热点一定程度上反映了人们和世界的关系，在信息碎片化的时代，流量越来越不可控，并且越来越贵，人们需要和精准用户建立一个锚定关系。Gartner 发布的 2019 数字营销和广告技术成熟度曲线揭示了改变未来市场营销技术生态的四大趋势：CDP（Customer Data Platform，客户数据中台）、人工智能、区块链、实时营销。在我国数字经济高速发展的当下，任何企业都应逐步进化为技术公司尤其是 MarTech（营销技术）公司。

2.3.2 高速发展的 MarTech 助力企业智能化转型

（1）西方发达国家的 MarTech 相对成熟。

自从 MarTech 概念第一次被提出之后，经过 10 多年的发展，MarTech 市场生态日渐完善。2008 年，斯科特·布林克尔创办了一个名为 "Chief Marketing Technologist Blog" 的网站。按照他的阐释，这个网站面向对营销技术感兴趣的人。他提出：营销已经成为技术驱动的学科，企业必须将技术能力注入其营销的 DNA。自 2008 年创立发展至今，该网站已经吸引了 40 000 多名中高级市场营销人员和市场营销技术人员，而且该网站发布的年度营销技术图谱——"MarTech Landscape" 也已成为整个行业推崇的标杆图谱。自 2011 年 "MarTech Landscape" 诞生以来，入选年度营销技术图谱的企业越来越多，从 2011 年的 150 家发展到 2020 年的 8 000 余家。这个行业中的企业数量一直在呈现几何级的增长。2020 年版的 "MarTech Landscape" 主要包括广告与促销、内容与体验、社交与关系、商务与销售、数据、管理六大板块。其中，中国入选的企业也从 2019 年的 "ABC"（阿里巴巴、百度、Convertlab）3 家增加至 2020 年的 33 家，包括分布在移动营销的 Papaya、展示及程序化广告的 Appier、原生 / 内容广告的 Yeahmobi、搜索及社交广告的百度、联署营销及管理的 FuseClick、内容营销的 DrumUp、电商平台及购物车的 Shopline、邮件营销的 SpreadeMail、DMP（Data Management Platform，数据管理平台）的 Adbert，以及营销自动化及活动的 JINGdigital 等。

目前，世界范围内的 MarTech 呈现三大特点。一是在 MarTech 生态中，大型公司、传统营销公司及细分垂直领域的营销技术公司是最重要的三支力量。二是 MarTech 涵盖 AdTech（Advertising Technology，广告技术）但范围更广。AdTech 仅是用于管理、投放、定向和评估数字广告的技术和方法，而 MarTech 不仅包含 AdTech，还涵盖了 CRM、数据管理平台 DMP、CDP、营销自动化软件和服务等技术平台，包括所有用于管理和评估数字营销活动及电商活动的技术和方法，以帮助品牌主、广告商实现个性化营销。三是通过 MarTech 的服务分类洞察智慧营销，其本质在于通过大数据、自然语言处理、机器学习等相关技术，对营销中的用户画像洞察、最佳渠道触达、用户价值评估、虚假流量过滤等环节进行赋能。营销技术正在助力世界范围内企业智能化转型。

（2）国内的 MarTech 正处于快速发展期。

2017 年，是我国的 MarTech 元年，我国的 MarTech 虽然起步晚于美国，但是一直保持着较高的发展速度。根据 Mob 研究院的结论，我国营销先后经历了传统营销（1995 年之前）、互联网 + 营销（1995—2004 年）、技术 + 营销（2004—2012 年）、MarTech1.0（2012—2018 年）等阶段，从 2019 年开始步入智慧营销的纵深发展阶段。我国营销发展阶段如图 2-4 所示。

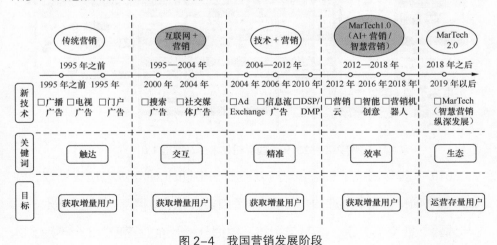

图 2-4　我国营销发展阶段

在我国，基于在线支付、新媒体传播、移动社交等移动互联网生态的建立，消费者的数字化生活也逐步建立。庞大的用户数据、用户画像与标签也被各方平台识别、存储，并通过内容和技术实现精准触达，越来越多的中国企业开始关注营销技术的应用及发展。弯弓 Digital 作为推动企业营销数字化转型的交互平台，一直深入研究 MarTech 在中国的应用和发展，并从 2019 年开始，先后推出了中国营销技术生态图谱 1.0 等 6 个版本的图谱。2019 中国营销技术生态图谱 1.0 和 2021 中国营销技术生态图谱 6.0 如图 2-5 和图 2-6 所示。

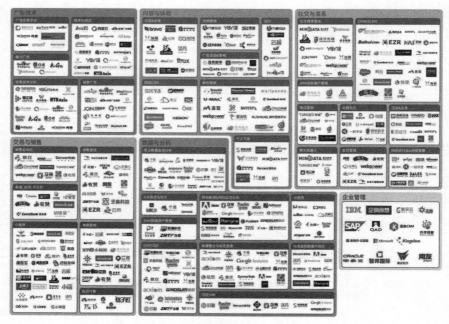

图 2-5　2019 中国营销技术生态图谱 1.0

　　2019 中国营销技术生态图谱 1.0 由弯弓 Digital 独立研究搜集而成，在 5 000 家 Martech 机构的基础上，进行了归类与整合，覆盖"广告技术、内容与体验、社交与关系、交易与销售、数据分析及企业管理"6 个类别。其中所列企业为该领域 / 分类中可提供相关营销技术的技术平台 / 企业，并根

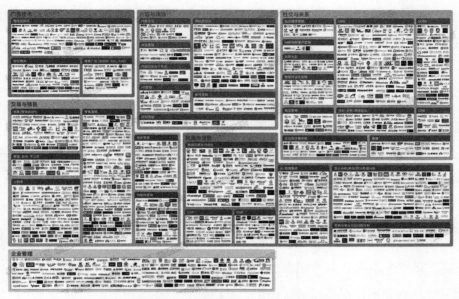

图 2-6　2021 中国营销技术生态图谱 6.0

据中国实际情况进行了部分修改，如加入"小程序"及"知识付费"等。此后，弯弓 Digital 又分别于 2019 年 7 月 25 日、2019 年 12 月 14 日、2020 年 7 月 15 日发布了 2.0 版本、3.0 版本和 4.0 版本，所收集的营销技术平台 / 企业增加到 1 000 多家。

2021 年 7 月 30 日，弯弓 Digital 发布了 2021 中国营销技术生态图谱 6.0，共收录技术公司 2 000 多家，分为广告技术、内容与体验、社交与关系、交易与销售、数据与分析、企业管理 6 个类别，共 34 个子类，每一类别中所列均为具有该类别功能软件 / 服务的技术机构。具体分类如下。

广告技术模块：程序化购买、短信营销、搜索广告（含 SEM/ASO/ASM）；

内容与体验模块：内容变现、内容管理、内容优化与个性化、H5 营销、视频营销、邮件营销、网站及 SEO；

社交与关系模块：CRM、SCRM、CEM、企业微信服务、社交媒体营销、ABM 目标客户营销、社群社区、智能对话式营销、电话营销、活动 / 会务 / 网络服务、直播；

交易与销售模块：销售自动化和营销自动化、渠道 / 合作 / 子公司、小程序、零售营销、电商营销、物联网营销；

数据与分析模块：数据洞察及可视化、CDP、DMP、云 / 数据生成、受众分析 / 移动 / 网站数据分析、营销效果监测及归因分析；

企业管理模块：没有设定其他子类项。

同时，弯弓 Digital 根据产品能力、市场估值、品牌影响力、用户评价和专家意见 5 个维度，对不包含阿里巴巴、腾讯、字节跳动等大型互联网平台旗下产品的营销技术公司进行评价，并根据它们在各自不同领域的综合应用情况，列出了 2021 年的中国营销技术优选名单，如图 2-7 所示。

图 2-7　中国 MarTech 生态图谱精选

目前，弯弓 Digital 发布的历次中国营销技术生态图谱，能够为数字化转型中的企业提供一个中国版的行业应用全景图，帮助企业找到业务增长中需要的合作伙伴，助力企业更顺利地向智能化转型。

从 2021 年的市场热点来看，随着企业营销数字化转型不断深入，以及私域流量概念被越来越多的品牌企业接受，营销技术的市场渗透率和认知程度也在不断提升。比如，随着社交媒体的发展和内容市场的不断扩容，内容与体验领域能够批量产出海报和视频的 AI 创意，以及管理统筹这些内容的 DAM 系统被广泛关注；为了提升用户服务和沟通效率，社交与关系模块的 AI 外呼已经成为很多服务型企业的标准配置；而在交易与销售中，打通线上线下业务，赋能经销商，并实现全渠道运营的低代码应用，已经成为很多投资人关注的技术热点；数据与分析一直是数字化转型的核心，因此能够实现数据治理的 CDP 应用成为很多技术机构的开发对象，而 BI 作为商业智能决策的重要工具，普及程度也越来越高。类似元气森林这样新消费领域的领先企业，甚至要求业务人员自入职起就要开一个 BI 账户，形成了强烈的数据驱动型企业的氛围。

第 3 章

一张数字化弓箭图背后的
营销趋势

在企业数字化转型中，MarTech 应用是大势所趋，虽然不同营销场景有不同的技术应用，但总体来看，却又有着规律可循。比如，弯弓 Digital 研究并提出的数字化营销弓箭图，就透露出了数字化时代的诸多营销新趋势，技术驱动、内容革命、全域运营和渠道变革都是其重要构成，并已经给市场带来了众多营销新红利。

3.1 弯弓数字化弓箭图及其背景

可以说，在数字化应用、营销技术、用户需求等发生根本性变化的情况下，新的营销模式正在重构过程中，而那些被验证有效的模式已经助力新兴品牌获得领先优势。

3.1.1 弯弓的数字化弓箭图

弯弓 Digital 一直专注于新一代企业数字化案例研究，通过对十大行业的 50 个领先品牌进行追踪，发现这些企业的成功普遍建立在一种新的营销模式基础上，并用一张数字化弓箭图进行展示，如图 3-1 所示。

对于新一代企业而言，顾客成为重要的数据资产，产品依靠强大且柔性的供应

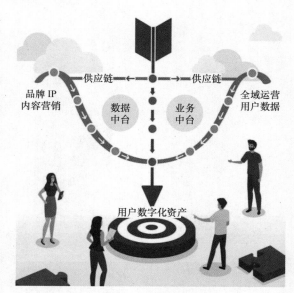

图 3-1　弯弓数字化弓箭图

链系统进行流转，企业的目标就是以经营用户关系为核心，形成从产品到

用户的直接营销。为了提升共情与交互能力，形成持续沟通的强关系，企业必须构建自己的品牌 IP，建立全域运营模式，丰富内容营销和多渠道触达。最核心的是，企业要想保持上述体系的有效运营，就必须打造一个以数字中台为核心的数据驱动体系。一般来讲，我们所说的数字中台包括数据中台和业务中台两个部分，分别从数据和业务两方面入手，形成精准营销的底层。

正如麻省理工学院首席研究科学家乔治·韦斯特曼（George Westerman）所说，数字化转型是对企业怎样利用技术、人员和流程，从根本上提高业务绩效的彻底反思。营销数字化的出现，将通过大数据和人工智能的耦合，赋予企业新的运营能力。曾经主导打造京东数字中台的数势科技创始人黎科峰也有类似判断，数字化时代的到来，意味着企业都会成为智能型企业，而智能型企业的能力包括 3 种，分别是数据洞察能力、用户运营能力和供应链管理能力。

3.1.2　营销数字化的时代背景

（1）所谓营销数字化，就是通过营销技术和数据治理，实现商品和用户之间的连接，帮助企业构建面向用户的全面触达、交易和运营的平台与服务。从本质上来说，连接、数据和智能，是营销数字化的核心。社交云店、直播电商、小程序购物、美团外卖、微信朋友圈营销等，都属于营销数字化的范畴。相比信息化时代的 ERP 系统，和工业 4.0 这种偏后端和生产端的数字化应用，营销数字化更为前端，适用范围更广，也更容易被人感知。更重要的是，无论是制造型企业还是贸易型企业，从产品销售的角度来说，营销数字化都是更迫切、效率更高、价值感更强的事情。因此，营销数字化无疑是当下企业数字化转型的重点。

科特勒中国区总裁曹虎认为，随着移动互联网发展和数字化变革，营销模式已经从经营产品的 1.0 时代进入经营顾客价值的 5.0 时代。大数据和 AI 技术驱动是"顾客价值 5.0 时代"的主要手段。尤其随着社交媒体碎片化、去中心化和多元化发展，企业获客成本越来越高，积累数据资产和经营用户关系，成为存量时代的重要特征。营销 5.0 的核心架构如图 3-2 所示。

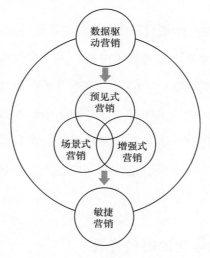

图 3-2　营销 5.0 的核心架构

（2）营销数字化转型要解决的核心问题主要包括四个方面。一是数据治理。数据治理是一个通过一系列信息相关的过程来实现决策和职责分工的系统，这些过程按照达成共识的模型来执行，该模型描述了谁（Who）能根据什么信息，在什么时间（When）和地点（Where）下，用什么方法（How），采取什么行动（What）。数据治理的目的是实现数据一致性、准确性、完整性、及时性等。而数据治理的实现，往往需要一些系统应用达成，比如 CDP 和 CRM 等。二是营销自动化。营销自动化是一种跨多个渠道自动管理营销流程和多功能活动的技术，一方面可以实现自动触达与自动优化，另一方面则可以自动筛选出高质量的销售线索。三是数据洞察。数据是一种语言，要理解它表达了什么并不容易，甚至需要依赖数据科学家们的帮助。比如知识图谱（Knowledge Graph），是由专家借助智能机器学习算法创建的知识领域模型，它为所有数据提供结构和通用接口，并允许在整个数据库中创建智能多边关系。四是全渠道交易系统。营销数字化的特点是以用户为核心，重构营销中的人、货、场，由于消费者在移动互联网中有较大的"流动性"，因此无论是以线下门店为主，还是以线上电商为主，都不足以满足数字化时代的营销需求。企业需要围绕自身特点（如是否有经销商、加盟店、导购人员），打造一个全渠道的系统，建立一个满足整个产品流通参与者需求的交易体系。

　　从成功企业的转型经验来看，营销数字化是一个循序渐进的过程，绝不能急功近利。正如百果科技时任 CMO 沈欣所说，营销数字化是一个复杂的系统，整个转型并不是一蹴而就的事情，更不能对某项技术产生崇拜，否则就会走入误区。比如，中台是一个系统，更是一种方法论，但很多人认为中台万能，这其实是一个错误的逻辑。当然还有一个更重要的阻力来自企业。在上一代的信息不对称经济学理论中，不对称的落差产生了利润和机会。而在数字化时代，透明化则是新的游戏规则，过去灰色地带的生意经注定要被打破，这种阻力将影响着一个又一个企业进行数字化转型。但无论你的企业是否希望成为智能型企业，营销数字化已经在推动企业重构。尤其用户端的变化，反向推动力越来越强烈。正如埃森哲发布的一项消费者调研显示，随着数字技术的出现，消费者变得越来越聪明和挑剔。顾客都是"流动的消费者"，品牌忠诚度越来越低，3 成用户近一年频繁更换其他品牌，25% 的顾客不愿意购买"不懂自己"的商品。随着营销渠道的多元化，64% 的消费者表示，如果企业无法持续提供强关联度，他们将更换使用其他更相关的品牌产品。这个时候，你就会明白喜茶、完美日记和元气森林这些企业为何能够突然崛起，你会发现我们突然又回到一个品类大爆炸的时代，一切都有可能。

（3）营销数字化的进程正在加快。数字化程度很高的美国市场也在发生变化。致趣创始人何润分享了一个数据，2020年，美国用6个月时间完成了6年的数字化进程。而我们所熟知的以低代码服务见长的Salesforce，已经成长为2 000亿美元市值的企业。在国内，新的"低代码"趋势也已经来临。钉钉在召开的2021发布会上隆重推出钉钉6.0版本，推出了低代码开发平台的概念。而几乎同一时间，腾讯云也宣布低代码LowCode平台开启公测。所谓低代码平台（LowCode Development Platform），就是只需很少代码就能快速生成应用程序的开发平台。其核心目的就是让企业应用更加简单，把营销数字化转型变得更加容易。对于很多MarTech企业来说，通过低代码模式切入，将会大大推动这个行业的发展，也必将给这个行业带来新一轮的市场洗牌。从2019年的SCRM和数字中台到2020年的私域流量，再到低代码、AI智能外呼，以及2021年的内容科技和客户体验等，虽然每一年的概念热点不同，但营销技术的发展在不同的赛道却没有停止过。

3.2　内容革命带来营销新趋势

何谓内容革命？简单来说，整个人类社会中内容的生产与交流环境，已经发生了一个阶段性、颠覆性的变化。这导致市场营销中对于内容的评估标准不再是单一的主题或创意评估，而是综合时间、地点、行业特征、触达人群、触达手段等因素的效果考核。换句话说，传统模式的内容"手工业作坊"，必然无法与数字化且成体系的"内容工厂"相抗衡。

事实上，社交媒体的出现，已经让人们陷入内容的汪洋大海。传统媒体时代，拥有合法牌照的报纸、杂志、电台、电视台，加起来不过一万多家。而现在，则是一个人人都是媒体的时代，14 亿人就有 14 亿个"媒体"，任何人都可以通过个人微信、公众号、抖音、B 站等平台发声。

2020 年新冠肺炎疫情暴发后，以小红书为代表的内容种草模式的爆发式崛起，就是一个显著的案例。

小红书是一家创于 2013 年的生活方式分享平台，平台内容包含美妆、个护、运动、旅游、家居、酒店、餐馆的信息分享，触及消费经验和生活方式的众多方面。易观发布的数据显示，截至 2021 年 8 月，小红书月活用户数约 1.6 亿，相比 2020 年 1 月（2020 年年初）增长 97%，日活用户数同比增长 110%。而极光 iApp 数据显示，2021 年 8 月至 10 月，小红书月活均值已达 2.72 亿，较 2018 年同期增长 583%。目前，小红书拥有 4 300 多万分享者，曝光的用户笔记达 80 多亿条。

在诸多平台中，小红书被誉为"新消费品牌"孵化器，完美日记、花西子、谷雨等新锐美妆品牌，都是在小红书上飞速成长，被更多年轻人接受和喜爱。而这种新品牌的孵化方式，就是被市场广泛接受的"种草机制"。麦肯锡《中国消费者报告 2021》曾经提及，利用社交媒体和中国蓬勃发展的"粉丝经济"来提升品牌形象和知名度，对现有品牌认知度较低或不具备现成营销矩阵的新品牌来说，是很有效的策略。

小红书恰恰具备这样的功能，并成为赋能新品牌进入市场的重要一环：既可以连接消费路径，又提供了消费决策的场景。小红书将产品和用户所期待实现的自我价值联系在一起，创造出一种心理"种草机制"，进而实现有效沟通。

小红书 CEO 毛文超通过对小红书上 3 万个入驻品牌的观察，以及和 100

多家品牌的深度访谈之后，认为幸福感、强互动、产品力是新消费品牌崛起背后的核心关键词。好吃、精致、希望、幸福、快乐、微笑、好看，这些是小红书上高频出现的词语。分享美好之中，"种草"生活社区的边界与想象力正在不断扩大。小红书调查报告数据显示，2021年，普通用户提及"小红书种草"等声量同比增长53%，平台的种草形象更加凸显。超8成用户表示，曾经在小红书上被成功种草。在关于消费者在小红书被种草的因素中，"真实可信"占比7成，如图3-3所示。

"种草"，到底种下的是什么草？

种草的内在本质隐藏了一种传播逻辑：通过某些介质（通常为某些产品）承载来自外界或他人的或有意或无意的观点、价值与主张，是一种基于人际互动的更亲密、更高效的信息传播模式，更是人与人之间的传播关系。

种草机制是一种更加隐蔽的劝服逻辑：种草对人真正的影响，在于把产品和用户所期待实现的自我价值（例如小红书平台上用户追求小众、潮流、个性等特质）联系在一起，为"观众"创造一种积极的心理体验。久而久之，消费者就会把从这些体验中获取的正面情绪转移到被种草的产品上，在行为上表现为购买产品，在情感上表现为自我价值的实现（购买带来的体验）。

图3-3　小红书种草机制

不过，小红书种草也仅仅是内容革命的一个侧面，更大的冲击来自人们对于不同内容和产品的开发应用，这已经成为影响营销格局的重要基础。

3.2.1　内容产品化：一切皆可设计

随着5G时代的来临，短视频、直播等新传播形式的出现，使得技术平权的范围和内容大幅扩展。

（1）需求端、新平台和创作者共同推动内容创新。一是需求端呈现更加碎片化、多元化；二是新平台不断增加，为内容创作者提供了更多的机会和平台；三是创作门槛的大幅度降低也极大地释放了创作者的激情，创作者数量一直在增长。例如，今日头条发布的《2020 年度数据报告》显示，今日头条创作者 2020 年全年共发布多种体裁的内容 6.5 亿条，累计获赞 430 亿次，分享相关内容 7.4 亿次，总评论数达 443 亿条，其中点赞数是上一年的近 5 倍，来自专业创作者的内容正受到越来越多的关注；2020 年，有 1 566 万新用户首次在今日头条发布内容，这让今日头条平台上的内容供给更加丰富；今日头条的专业创作者已经达到 13.8 万名，创作的内容涵盖了 5G、芯片、疫苗、北斗卫星等话题；"80 后""90 后"作者占到了今日头条平台创作者总数的 69%。再例如，以二次元起家的哔哩哔哩（B 站）早已出圈，在年轻人中形成了多层次、多维度的内容生态。粗略统计，B 站拥有约 200 万个文化标签，涵盖了 7 000 多个文化圈层，这也让 B 站有了"万物皆可 B 站"的文化氛围和生态基础。根据 B 站 COO 李旎在出席 B 站的 AD TALK 2019 营销大会上的发言，B 站已经形成了良性互动的社区生态，如图 3-4 所示。

图 3-4　B 站的社区生态

资料来源："一诗二画"

（2）用户需求更加多元。随着用户圈层化加剧，出现了小众圈层需求和大众需求同时上涨的局面。例如，穿汉服是小众爱好，但是在 2020 年秋冬纽约时装周上，花西子、三泽梦、杨露跨界合作，强势推出了花西子×三泽梦合作联名款汉服等。三泽梦作为首个登上时装周的汉服品牌，秉承"着汉家衣裳，兴礼仪之邦"的信念，致力于推广中国汉服文化，成为国风崛起的新代表。

（3）付费意愿大大提升。随着更为多元化、专业化内容的出现，以及各类社会圈层的不断形成，用户为优质内容买单的意愿越来越强烈，而知识付费的需求亦在增加，用户更愿意为个人兴趣花费时间与金钱。例如，B 站通过持续破圈的优质内容与积极的运营策略，推动用户规模强劲增长。2021 年三季度财报显示，B 站三季度营收再创新高，达 52.1 亿元，同比增长 61%，远超市场预期；其月均活跃用户 2.67 亿人，同比增长 35%；月均付费用户达 2 400 万人，同比增长 59%；用户付费率从去年同期的 6.2% 提升至 8.9%。

2021 年第三季度，B 站日均活跃用户 7 200 万人，同比增长 35%；用户日均使用 App 时长为 88 分钟，创下历史新高。而 B 站月均活跃 UP 主同比增长 61%，月均投稿量同比增长 80%，拥有过万粉丝数的 UP 主数量同比增长 42%。

3.2.2 产品内容化：万物皆可演绎

（1）阅读、种草、转化成为新方式。在销售领域，存在着"市场部门不关心传播，关心销售一体化"的现状，而这显然不符合当下通过内容创新获得用户的新趋势。阅读、种草、转化用户已经成为获得用户的主流手段。根据腾讯广告与微信广告发布的《见微知著，解码美妆社交全链路——2020 微信广告美妆行业解决方案》，第一阶段为种草阶段，通过明星造势等大曝光手段建立用户初认知；第二阶段为养草阶段，通过公域流量聚拢和私域流量建设来实现长线沟通，积累好感，让用户对产品和服务"日久生情"；第三阶段为拔草阶段，通过线上线下的联动转化来实现商业价值变现，如图3-5所示。

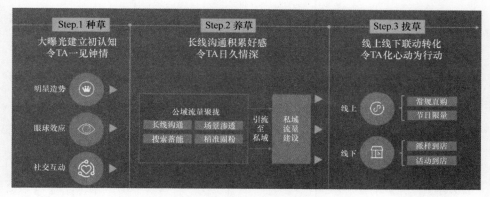

图 3-5　用户转化三阶段

资料来源：腾讯广告与微信广告《见微知著，解码美妆社交全链路——2020 微信广告美妆行业解决方案》

（2）内容成为产品的一部分。目前内容已经成为用户体验的一个环节，且往往被前置，共情的产生通常处于购买前段。例如，个护品牌 HFP 通过各类种草网红和平台的推动，让一众生涩的化学名词在护肤品品牌领域变得耳熟能详。HFP 通过大量的个护化妆品消费群体调研，发现大多数消费者是"成分党"，她们热衷于烟酰胺、玻尿酸、氨基酸等成分，实际上是为成分买单。基于此，HFP 将品牌定位为小众，主打成分和功效，目标人群定为小资人群，他们常年活跃在各大社交平台，有一定的消费能力和护肤品知识。

再例如，完美日记的内容种草营销已经成为典型案例。其内容种草经验主要体现为三点：一是品类种草和销量相关度高，二是个性化种草营销，三是注重体验、互动和"干货"。图3-6是完美日记在小红书平台的传播矩阵。

（3）很多新消费品牌成为身份和内容的设定，以及一种带有价值观的社交工具。例如，成立不到3年的新晋网红代表"自嗨锅"，连续3年登顶天猫自热食品排行榜首位，并在2020年10月完成逾5 000万美元的C轮融资，估值5亿美元。"自嗨锅"迅速爆红的背后原因有四点：一是一人食市场崛起，"自嗨锅"的整体策略就是围绕"一人食"发展。二是通过大量明星试吃为品牌背书，营造"半个娱乐圈都在吃"的氛围，全方位触达年轻群体。三是线上与线下融合，发挥新零售渠道力量；同时，针对网吧、棋牌室、宿舍等不同的线下消费场景，"自嗨锅"也通过种草裂变等方式触达消费群体。四是加强产品把控，高标准、严要求打造产品，回归构筑产品护城河。

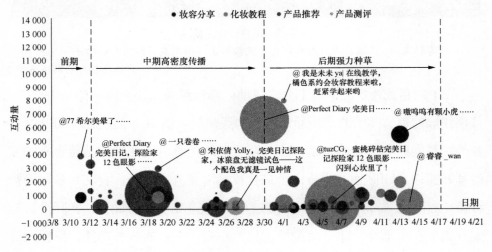

图3-6　完美日记在小红书平台的传播矩阵

3.2.3　企业IP化：内容营销的通行证

1. 虚拟IP崛起

2021年10月29日，当马克·艾略特·扎克伯格（Mark Elliot Zuckerberg）

宣布 Facebook 更名 Meta 拥抱元宇宙之后，国内迅速掀起了元宇宙的热潮。2021 年被誉为元宇宙元年，虚拟偶像 IP 成为企业尝试元宇宙的主流方向。12 月初，阿迪达斯、百事可乐、奈雪的茶等品牌宣布推出自己的元宇宙产品，奈雪的茶推出了 NAYUKI 的 IP 人物造型。

事实上，虚拟偶像开发在 2020 年底就已经成为市场热点，并成为企业内容营销的重要组成。屈臣氏的屈晨曦、花西子、欧莱雅的 M 姐等，都在做这方面的尝试。早在 2019 年，爱奇艺发布的《2019 虚拟偶像观察报告》显示，全国有 3.9 亿人正在关注虚拟偶像或在关注虚拟偶像的路上，二次元圈层人数逐年增加，其中"95 后"至"05 后"用户渗透率达 64%，善于接受新鲜事物的"Z 世代"显然是虚拟偶像的重要受众之一。

弯弓研究院曾经对"Z 世代"用户特点进行分析，发现这个群体有两个显著特征，即关心本土文化和虚拟偶像。最近两年，市场出现一波又一波的国潮风，就是来自这样的人群基础。2020 年上半年，国内知名的虚拟歌手"洛天依"和虚拟偶像"初音未来"相继试水淘宝直播，前者吸引近 200 万人打赏互动，后者登上天猫 618 明星榜首位，虚拟偶像的强大影响力可见一斑。

针对新一代消费者蓬勃而起的文化需求，企业不仅开始打造自己的虚拟偶像 IP，而且开始思考建立自己的企业 IP 化系统，并试图以此构建数字化时代的品牌建设新方法。要强调的是，元宇宙概念的出现恰好成为推动这种潮流的新合力。

2. 打造企业 IP 化的三重体系

IP（Intellectual Property，知识产权）这个词最早于 17 世纪中叶由法国学者卡普佐夫（Gapzov）提出，比利时著名法学家皮卡第（Picardie）将之定义为"一切来自知识活动的权利"，是基于创造性智力成果和工商业标记依法产生的权利的统称。1967 年，随着《世界知识产权组织公约》签订，这个词逐渐被国际社会接受。

传统意义上，我们可以把 IP 分为 4 类，分别是内容知识产权、企业商标和包装、专利发明，以及自然知识产权。而在本书探索的范畴中，企业 IP 化不仅包含了传统意义上的企业商标或吉祥物，还包括了企业人设和虚拟 IP 的打造，以及各种具有 IP 打造意义的内容和活动等。

知名 IP 专家陈格雷在研究中发现，企业 IP 化这套体系主要包含了三重关系，分别是个人 IP、品牌 IP 和产品 IP，如图 3-7 所示。

图 3-7　企业 IP 化的三重体系

其中，个人 IP 由领导者、员工和合作伙伴构成。比如史蒂夫·乔布斯（Steve Jobs）和埃隆·马斯克（Elon Musk）已经成为苹果和特斯拉的象征，而董明珠和雷军就是格力和小米的代表。

品牌 IP 是打造一种占领用户心智的、有形的数字资产，是结合商业品牌和文创 IP 的属性提出的数字化时代的品牌营销新方式。其组成可以包含多个方面，比如用形象和场景打造一个 IP 化的名字，前者如三只松鼠、江小白、天猫等，后者如良品铺子、知乎、国窖 1573 等。此外，还可以把品牌人格化、虚拟化，比如前面提到的花西子、屈晨曦，以及米其林。图 3-8

所示为屈臣氏 AI 品牌代言人。

图 3-8　屈臣氏 AI 品牌代言人

产品 IP 主要强调了产品内容化和渠道内容化。这是一种直接把产品变成 IP 的方式，比如 M&M's 豆、奥利奥饼干等；还有很多活动 IP 也是如此，比如中国国际马戏节、草莓音乐节等。

3. 企业 IP 化成为用户沟通的内容主体

企业 IP 化成为推动品牌建设的新趋势，也是市场需求带来的必然结果。

首先，随着以用户为中心时代的到来，经营用户关系成为市场主流。这个时候，企业迫切需要一个有效的沟通主体，可以在不同的时间和空间进行互动。比如在私域流量运营中，无论是真人、风格化的人设，还是虚拟 IP，都是非常好的应用，有利于企业和用户之间建立一种紧密的关系。

其次，虚拟 IP 对品牌建设相对安全，不会存在真人偶像那种不可预知的风险。知名 MCN 机构大禹网络联合创始人李永安曾经透露，在大家纷纷培养网红主播的时候，他们已经投入开发"一禅小和尚"这样的虚拟 IP，其原因就是虚拟 IP 完全可控，可以成为公司永久性资产。2021 年 12 月 18 日数据显示，一禅小和尚在抖音的粉丝数达到 4 691.8 万，已经成为这个行业的头部 IP。

再次，企业 IP 化成为品牌建设的重要手段。菲利普·科特勒在《市场营销学》中提出，品牌是消费者向购买者长期提供的一组特定的利益和服务，是给拥有者带来溢价并产生增值的一种无形资产。品牌的载体是用于和其他竞争者的产品或劳动相区分的名称、术语、记号或者设计组合，增值的源泉来自于消费者心智中形成的关于其载体的印象。

而企业 IP 化作知识产权，本身就在传递一种文化和价值观，是通过一种符号、印记和情感共鸣来建立与用户之间的关系，因此是品牌建设的一种先进方式。

在过去的品牌营销中，用户处于被动接受状态，重点在于企业要讲好一个故事。而在数字化时代，随着社交媒体发展和消费者增权，企业和用户形成了一种水平化关系，用户不仅积极参与品牌建设，而且开始主导品牌的话语权。

科特勒在他的另外一本书《营销革命 3.0》中强调，这个时代最大的变化在于，一个品牌获得成功后便不再属于企业本身了，品牌的使命已经成为消费者的使命。"企业所能做的只有一件事，那就是努力让自己的营销行为符合品牌的使命"。

可以说，随着互联网带来的信息碎片化和社交媒体的颠覆式发展，品牌建设的主体和客体关系发生了变化，IP 的价值也史无前例地凸显出来。

罗兰贝格的一份研究报告认为，在今天的数字化环境下，经典的品牌力建设本质模型依然奏效：产品（Product）、终端（Place）、营销（Promotion），是品牌力建设中不变的品牌落地三界面。但是伴随数字化进程，媒介与渠道的边界越来越模糊，仅仅占领货架是不够的。"整合营销"（围绕融合消费者旅程各类触点的链路搭建）不再是一句空口号，由于消费者旅程的多样性、碎片化、场景化，品牌与产品团队需协同作战。而品牌 IP 恰恰能穿透碎片化媒体，将消费者连接、黏合，做到心心相印。

3.3 企业媒体化和全域运营

如果说内容革命是数字化时代的营销新趋势，企业媒体化一定是企业面临的新课题。

3.3.1 企业媒体化成为大趋势

社交媒体越来越多，每家企业都要打造自己的社交媒体矩阵，每个社交平台背后都代表着不同的目标受众。

2021 年，关于流量的竞争主要来自短视频，B 站、抖音和视频号是这个领域的主要玩家。

以微信大力扶持的视频号为例。2020 年，微信采取各种措施，大力扶持视频号，并希望把视频号打造成流量枢纽，在朋友圈、小程序、微信公众号、直播平台、企业微信等形成互联互通，进而打造一个大型的商业闭环。相关数据显示，截至 2021 年 11 月，在视频号推出一年之后，视频号的 DAU 已经接近 5 亿。

抖音也在发力。2021 年 4 月 8 日，抖音在广州宣布要发力"兴趣电商"，并推出三大扶持计划，即帮助 1 000 个商家实现年销售额破亿元，其中 100 个新锐品牌商品年销售额破亿元；帮助 10 万个优质达人实现年销售额达 10 万元，其中 1 万个达人实现年销售额破千万元；帮助 100 款优质商品年销售额破亿元。

抖音给"兴趣电商"的定义是：一种基于人们对美好生活的向往，满足用户潜在购物兴趣，提升消费者生活品质的电商。

抖音电商总裁康泽宇为做"兴趣电商"给出了三个理由。其一，短视频和直播的普及，让商品展示变得更生动、直观，降低了消费者的决策门槛；其次，随着推荐技术越来越成熟，基于内容兴趣的个性化推荐成为市场标配；其三，平台内涌现大量优秀的短视频和直播创作者，使得更多的优质商品可以通过更好的内容形态展示，商家也有了更多的机会通过创作者触达他们的粉丝。

康泽宇表示，到 2023 年，"兴趣电商"的市场规模即将达到 9.5 万亿，整个电商行业会有越来越多的参与者转向兴趣电商。

但对于企业而言，万亿市场固然诱惑，企业营销的视角却有所不同。由于平台背后的用户画像不同，企业必须根据自己的产品特征，建立一套符合自身特色的社交媒体矩阵。比如抖音的时尚、B 站的 Z 世代、快手的下沉，以及小红书的女性用户占绝大多数等。

并且，按照市场的认知，不同媒体又代表不同的玩法。比如小红书适合种草，快手适合做私域流量，B 站则适合圈层营销等，几乎每个平台都有自己的价值。

早在新冠肺炎疫情暴发之前，市场上就有了"两微一抖"的说法，即企业在社交媒体领域的基础矩阵构成包含了微信公众号、微博和抖音。但时过境迁，随着新平台的崛起和用户习惯的改变，这个组合也发生了变化。如何找到适合自己的媒体组合，以及把那些互联网社交平台作为自己的电商发力点，成为相对复杂的考量。

因此，目前企业在媒体化过程中至少面临两个问题，一是如何通过数据分析，找到自己的目标用户；二是在媒体运营过程中，如何通过技术做好内容创意和管理，并精准触达自己的用户。当然，做好这些工作还有一个重要因素，那就是内容数字化的人才配置，在数字化人才稀缺的今天，这将给企业带来新的挑战。

不过，有不少领先企业已经具备这种能力，比如本书后面章节介绍的尚品宅配就是很好的案例。这家耐消品企业几乎每次都踩到流量的风口，从微博到微信，从小红书到抖音，几乎进行了全面布局，目前的总体粉丝数已经超过 1.8 亿，成为一家拥有巨大自有流量的媒体企业。

屈臣氏是另外一个案例，这家最早在国内开始会员制运营之一的企业非常重视媒体建设。通过微信公众号、小程序、小红书、抖音等平台，已经整合了超过 1.6 亿人的粉丝量。从 2021 年 9 月开始，屈臣氏打造了 O+O 的模式，凭借精准的美妆用户人群，开始接受各大品牌的广告投放，真正做起了媒体平台的生意。

3.3.2　私域运营崛起

新冠肺炎疫情暴发之后，私域流量已经成为市场上的重点话题，很多大品牌也开始觉醒，把打造私域流量作为重要业务抓手。

（1）私域流量是一种流量体系的阶段分层，本质是企业能够自主掌控的数据资源，也是品牌（IP）对用户（粉丝）数据的私有化行为，目的是通过用户资产运营和生命周期管理，提升运营效率，实现用户资源的低成本、高触达，以及多层次转化。

私域流量进入大众视野始于 2019 年年初，2020 年开始爆发。但是，私域流量真正被国内外的大型企业所接受，并成为现象级应用，则是在 2021年下半年。尤其是政府相关部门对各大互联网平台提出数据"互联互通"的要求，以及《中华人民共和国个人信息保护法》在 2021 年 11 月 1 日生效之后，进一步提高了私域流量的声量，扩大了企业需求。

针对这一市场变化，2021 年 12 月 8 日，弯弓研究院在针对多个专家、技术机构和品牌企业调研之后，发布了一份私域流量趋势报告，对下一阶段的私域流量发展趋势形成 8 个判断，分别是：私域已经成为常态化渠道；私域代表了数据与资产确权；会员与超级用户是下一阶段的重点；营销技术应用进入 2.0 升级阶段；内容与人心红利是私域运营核心；决策与运营智能能力必须提升；私域代运营还是阶段热点；企业微信还将主导私域生态。

事实上，从上述趋势判断不难发现，私域流量崛起代表了一种营销方式的转变，标志着以用户为中心时代的到来。

（2）对于企业而言，私域流量的价值标签主要包括 3 个方面，即关系、渠道和资产。

可以说，经营企业和用户之间的关系是私域的基础定位，是在互联网带来的碎片化时代，企业对用户之间的关系锚定。而建立这种关系的目的，正是形成一个双方认可的销售渠道。按照名创优品集团副总裁兼 CMO 刘晓彬的说法，"私域是品牌和用户的双向奔赴"。

对于资产标签的定义，则代表了私域运营的核心价值。正如群脉科技联合创始人车传利所言，"私域价值说到底就是两方面，一方面是增长，企业都希望能够找到新的增长点，这些增长的量是企业所希望看到的；另一方面是资产，资产更代表一种长期收益，是可以不断地变现。甚至，后者的意义大于前者。因此，私域对企业的真正价值可以归结为：增长的资产"。

弯弓研究院认为，私域的资产价值非常重要，是属于企业自有并获得授权的用户数据、关系数据、交易数据、互动数据等。这些资产既能够为企业带来直接收入，更能够为企业的用户分析、产品研发等带来深层价值。

（3）打造私域流量体系的几个要点。

首先，不是所有企业都适合做私域流量运营，不同行业、不同规模、不同阶段，都有不同玩法。从策略、选型、运营 3 个角度来看，企业在决定私域业务之前，一定要做好顶层设计。

以饮料快消品为例，这些企业的产品销售80%都在终端进行，随机购买特征很强，普遍客单价低，很难建立长期的复购关系，因此就不适合做私域运营。相反，这些企业更应该关注产品研发、包装设计、渠道管理、终端动销等，把更多精力放在B端和C端的管理上。

其次，对于品牌企业而言，一定要掌握私域流量落地的IMC模型，从IP、技术和内容3个维度去建立私域的基本框架。

IMC是弯弓研究院根据大量私域案例研究后总结的一套基础模型，实际上是3个英文字母的缩写。I代表IP，通常指私域运营的人格主体，是私域运营的灵魂；M代表MarTech，也就是前面提到的营销技术，是建立私域运营的骨架；C代表Content，是内容应用，象征着整个私域运营的血肉构成。即是说，要想做好私域运营，必须在上述三者之间达到平衡，才能收到良好的效果。

但归根结底，私域运营还是人的问题。上海家化原董事、总经理王茁说，"私域运营，不能把消费者当成'猎物'，要用园艺师的思维去经营用户……the right relationship is everything(正确的关系就是一切)。"

3.3.3　全域消费者运营的几个要点

所谓全域消费者运营，就是以用户为中心，数据驱动为手段，打通私域和公域，对处于不同场域和触点的消费者进行运营，实现全方位触达消费者和业务转化的模式。

全域运营是规模化品牌企业数字化营销的基础，也是非常关键的一环。国外知名电商建站平台Shopify曾公布的一组数据显示，拥有全域消费者运营策略的企业有89%的消费者留存率，而没有实行全域消费者运营的企业只有33%的消费者留存率。

对于私域运营强大的企业，全域运营同样重要。

华住酒店目前是世界市值前三的酒店管理集团之一，该企业已经建立了一套完整的数字化运营体系，拥有超过 1.89 亿的会员，87% 的用户订单来自自己的私域平台。但是，该企业非常注重公域平台运营，并长期保持 20% 的订单来自外部 OTA(Online Travel Agency，在线旅行社) 平台。其目的就是保持公域和私域之间的平衡，保证不断有新的流量来源。

如何做好所谓全域消费者运营? 关键有三点。

第一，全域布局收集数据，形成统一 ID。全渠道的特点就是以用户为中心，打通线上线下、公域私域，针对诸如线下门店、线上 App、小程序、各大电商平台、POS 系统等场景进行数据收集。要实现良好的数据治理，实现跨平台运营，一般需要一套 CDP 管理系统，才能打通平台底层接口，不断导入不同触点数据，并通过数据清洗，建立统一 ID 的数据库，最终实现数据的有效复用。

现实情况是，很多企业可能已经布局了微信、小红书、淘宝、抖音等各个平台，但各渠道之间的数据处于割裂状态，无法实现互联互通。且由于很多企业缺少数字化运营体系管理，缺乏系统工具支撑，分析工作十分原始，数据精确性难以评估，因而无法将会员数据沉淀为数据资产。

第二，建立用户画像，定位消费者的生命周期，围绕消费者整个生命周期的不同阶段进行区别化运营。

清晰了解用户画像，并根据他们的消费频率、金额等条件，定位消费者生命周期，是数字化时代用户运营的基础，也是实现精准营销的根本。而要达到客户关系管理的目的，就要部署 CRM 系统，通过大量的数据分析和洞察，制定针对性的营销策略，最终达到高转化的目的。

第三，做好触点布局，按照消费者旅程，做好链路规划和业务转化。全域运营一般的流程如下：公域引流—私域沉淀—内容运营—持续触达—实现转化—反复交互—持续复购。这里的难点有几个方面，比如针对不同公域平台设置触点，如何实现流量导入？导流过程中，如何规划消费者旅程，尽快缩短转化路径，实现有效转化？等等。因此，全域消费者运营过程中，从用户触达到复购都要有一套SOP（Standard Operating Procedure，标准作业程序）打法，才能真正做到有效应对和管理用户。

2021年11月，中国连锁经营协会联合腾讯发布了《中国零售业公私域运营手册暨实施指引》（下称《指引》），针对全域运营有一段描述，不同类型的行业可以作为参考。

随着私域观念深入人心，私域也正在迎来规模化的爆发式增长。公私域联运，是企业实现全域经营的重要途径，针对这一趋势，《指引》也提炼了典型链路，为商家提供路径指引。

尽管零售业不同细分领域的特性和经营模式差异显著，但公私域联运的核心链路基本涵盖3个关键步骤——公域流量的私有化沉淀、私域用户池的运营和私域的商业化实现。

简而言之，公私域联运的起点，是利用广告或自然流量裂变从公域引流，通过公众号加粉、添加导购、线索搜集等方式，将公域流量转化为品牌和商家的私域用户池。用户沉淀至私域后，品牌和商家可以通过公众号运营、社群运营、导购朋友圈等持续触达用户，实现私域用户池到店、到家、App、电商等全渠道的引流转化。最终，借助品牌的私域门店和私域转化工具，如小程序直购、H5页面直购、直播带货等实现成交转化，以及持续获得用户全生命周期的转化价值。

基于上述三大步骤，《指引》从经营品类的共性维度出发，根据用户的消费频次，总结出了高频（以日频和周频为主）、中频（以月频为主）、低频（以季频，年频甚至更长周期为主）3种公私域联运模式。

高频模式适用于生鲜、食品饮料等客单价相对较低、用户决策链路较短的品类。该模式强调公域流量私域化的快速转化，以及建立私域用户池的黏性和高频次复购，以提升用户的全生命周期价值。

中频模式的代表，如快消品、服饰、美妆、鞋靴箱包、时尚珠宝配饰等品类，客单价中等，用户的决策链路也相对中等。这种模式注重通过导购运营和内容运营实现线上、线下的流量共享和循环，并通过线上小程序开拓用户离店后全新的消费场景，实现私域用户的全渠道转化。

低频模式面向 3C、家电、汽车等高客单价品类。对于低频模式的公私域联运链路而言，私域建设的价值更多在于建立用户对品牌的长期信任，因此需要品牌和商家具备持续性的运营和耐心。

3.4　数据驱动与中台价值

从弯弓数字化弓箭图中可以看出，数字中台既是比较重要的基础设施，也是布局全域运营体系，并在营销中实现数据驱动的关键。换句话说，新一代的企业都是通过数字中台驱动业务增长。这也是营销中的"冷兵器"和"热兵器"的区别："冷兵器"是运营中的大刀长矛，"热兵器"则是运营中的飞机、坦克、大炮，实战运营效力高下立判。

3.4.1　中台的价值

（1）根据应用范围，我们所说的企业级数字中台可以分为业务中台与数据中台。简单来说，业务中台的功能是为解决问题、执行流程的组织提供高效的服务；数据中台的功能是帮助企业看到问题，快速形成数据治理规范。数据中台系统主要包含数据治理、数据展现、数据洞察、数据消费四大类，与老式的 BI 系统相比，数据中台特别适用于让更多的一线人员可以访问有效的数据。

本质上来讲，构建企业级中台的目的是为了业务数据化、数据业务化。

（2）传统企业的信息化时代，各个部门的信息系统都是一个个孤岛。而如果有了业务中台系统，不仅可以打通订单、会员、物流等环节，还可以实现线上、线下，以及进销存系统的打通。打通后的中台会提供三种能力，随心所欲而不逾矩。一是针对业务，想要什么数据，立刻就可以得到什么数据；二是针对开发，想要怎么复用业务流程，就可以怎么复用；三是针对一线营运，可以随时呼叫"数字炮火支援"。

具体来说，数据中台可以解决数据仓库、数据标签、数据地图、客户画像、门店画像、算法模型等方面的问题；业务中台可以打通订单中心、商品中心、会员中心、支付中心、营销中心、库存中心、物流中心、结算中心等。只不过，对于不同企业来说，由于行业特征和规模大小不同，以及实现的目的和路径不同，中台模型也有所不同。甚至可以说，1 000个企业有1 000种不同的中台。

（3）如何更清晰地判定企业级中台的价值，并实现自己的中台业务部署？从下面的案例可以感受一下。

假如你今天经营的产品出了问题，而你手里还有着最后的稻草——1 000万的会员，你能用多快的时间给他们提供新品类的产品服务，从而挽救企业？假设你经营咖啡店，突然咖啡绝种了，你要改卖果汁，你的整个体系需要多久改变？你的IT系统需要多久改变？在新零售和疫情的双重夹击下，其实这个问题的各个版本已经在每天拷打着各行业的老板们。

而如果你部署了数据中台，就可以对你的消费者做出全面的分析，哪些是只愿意在你这里买咖啡的，哪些是愿意尝试你的新产品的，他们有多少人，在哪里？消费能力是怎样的？然后你再根据这个数据来设计新品，重构供应链。这时你的业务系统需要解决如何与上游合作对接的问题，同时，你的新品类的销售模式可能也和原来不同，中台则能通过改造业务系统来完成你的交易。

这些才是对中台的挑战和价值体现。

这个问题答完了，我们回过头来看，如果现在咖啡还没有绝种，那么这个想象中的新品类，是否能够加入你目前的体系中，给你的企业带来新的增长点？如果可以，那么你又带领企业上了一个新台阶。这就是一个创新的完整过程。

3.4.2　中台能力的几个判断标准

（1）中台是一种思想，也是统一大家协同工作思想的一种工具，其价值是通过这种方法论为企业经营降本增效。数字化时代，中台思维是营销人必须具备的能力。不过，互联网"大厂"的平台级中台和企业级应用中台是不同的，互联网平台要面对海量的 C 端用户和商品，而品牌企业则有自己的中台玩法，也就是我们前面提到的企业级中台。从"双中台"技术部署的维度来看，"改革"更适合那些大型企业或行业领跑者，尤其是有一定 IT 能力（中台主要解决了复用和性能问题）基础，有大量业务模式需要探索与改变，并存在大量创新需求的企业。具体来说，由于中台的思维是一种控制思维，针对 70% 效率 + 30% 创新的企业模式而言，效果很好，针对 70% 创新 +30% 效率的企业模式就不太适合。

（2）如何给目标用户实现企业级中台部署？沈欣根据自己的实操经验，列出了 7 个步骤，这些步骤环环相扣。

① 组织变革与配称。意思是说，中台和任何其他新技术一样，首先需要的是人。

② 明确清晰定位自己的战略。知道自己想要什么，中台为什么服务，大

方向很重要。

③ 确认自己未来的可能收益。定下目标，锁定收益，才知道该投入多少。

④ 数据治理，建立数据中台。关键步骤来了，一定要先治理数据，积累数字化资产，注意不是先建立业务中台。

⑤ 业务流程清洗（EPR 企业流程再造）。搞清楚数据之后，开始梳理业务流程，把链路规划想清楚，把复用的内容想清楚。

⑥ 建立不同的业务域，构建业务中台。看看自己需要哪些业务中心，开始通过定制或者堆栈技术，建立业务中台。

⑦ 前台对接匹配。打通不同业务触点，实现业务运营中台化转变。然后，持续构建算法中台。

（3）作为最先部署的数据中台，怎样才算成功？这里列了几个简单的打分项给大家参考。

① 开会的时候，不会有好几个部门在争吵，争论是你的数据对还是我的数据对。这样的话，可以加一分。

② 数据的展现可以自动化了，比如针对某个新的经营主题，大家都很关注，那么是否能够很简单地建立一个自动化推送？如果可以，再加一分。

③ 数据中是否能洞察企业发展的危机或者机遇？可以，再加一分。

④ 数据能够让一线的业务人员更方便地访问，整合到他们的日常操作中去，并且系统不会随着业务扩张而变得越来越慢？可以，再加一分。

⑤ 数据这么方便了，是否足够安全？安全，再加一分。

其实，数据的价值就是在这一点一滴中积累起来的，成功永无止境。

第 4 章

华住集团的酒店数字化转型路径

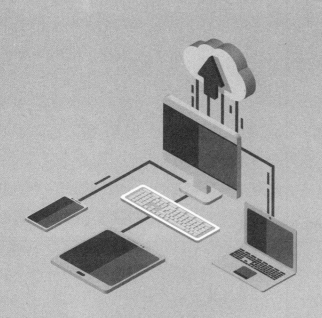

华住集团创立于 2005 年，是国内最大的酒店集团之一，年度销售额为 300 亿元，拉动投资超过 1 200 亿元。2010 年，华住（当时叫汉庭）在美国纳斯达克上市，10 年后的 2020 年 9 月又登陆港交所。2021 年，华住集团在港交所的最高市值一度超过 1 500 亿港元，全球酒店住宿业市值排名第三，紧随万豪和希尔顿之后。截至 2021 年 12 月，华住集团在营酒店数超过 7 466 家，遍布 17 个国家和地区。

在业界，华住集团被认为是一家披着酒店外衣的科技企业。从软件系统角度来看，经过 16 年的积淀与成长，华住已形成一个强大的技术"中台"。从 CRS、PMS、RMS、CRM 等酒店营销管理系统，到供应链采购平台，再到无接触服务、自助服务等先进技术的引入，华住把系统化、技术化能力融入商业操作系统，形成了独有的酒店数字化解决方案。

"华住十二时辰"是对这套操作系统的形象展示，以线下门店为核心，从品牌、市场、金融、供应链、IT 和 AI、投资顾问、品控、产品、培训、云服务、会员、收益等 12 个方面入手布局数字化。凭借强大的中台系统，通过线上赋能线下，实现管店店长工作简化，用户从预订到入住全程无人化。

新冠肺炎疫情期间，正是依靠这套先进的数字化解决方案，华住集团能够敏捷应对市场变化，有效保持业务增长，成为数据驱动型企业的典范。简单来说，即是以经营用户为核心，根据不同用户需求匹配产品，通过技术驱动运营，实现精准营销。

4.1 会员为核心的商业模式

华住集团创始人季琦，是一位颇具传奇色彩的酒旅行业连续创业者，他毕业于上海交通大学，曾先后参与携程旅行（1999 年）和如家酒店（2002 年）两家上市公司的创办。季琦认为，华住集团目前的优势主要是把业务建立在品牌、流量和技术三位一体的模型上，形成了以线下大品牌为主体，会员主导流量平台和技术驱动全流程数字化共同加持的先进管理方式。从商业模式规划的角度，我们可以做如下解读。

4.1.1　品牌轻资产运营

华住集团的主营业务，是经营不同级别的连锁品牌酒店。季琦认为，品牌连锁是中国酒店业未来的主要发展方向。他的理由是，相比西方国家，中国的酒店行业比较分散，美国品牌连锁酒店超过 70%，而中国目前仅有21%，发展空间巨大。

根据华住集团 2021 年三季度财报，目前华住集团拥有 7 466 家酒店，经济型酒店的在营数量为 4 621 家，其中租赁和自主持有酒店数量为 404 家，管理加盟和特许经营酒店 4 217 家；中高档酒店在营数量为 2 724 家，租赁及自主持有酒店数量为 259 家，管理加盟和特许经营酒店 2 465 家。

从数据来看，无论是经济型酒店还是中高档酒店，管理加盟和特许经营都是华住集团的主要经营模式，占比达到了 90%，属于典型的轻资产运营。即酒店行业可以通过管理合同、租赁协议、特许经营、售后回租及产权并购的方式，以酒店管理公司的组织形式发挥轻资产优势，实现轻资产运营。

申万证券分析认为，管理加盟模式介于中国的加盟模型和西方的管理合同模型之间，是华住运行比较成功的模式。管理加盟模式和普通加盟模式的主要区别在于，管理加盟店的店长由集团指定和培训，以帮助管理门店，即华住从管理加盟店收取佣金（包括店长工资由集团发放），来保证管理加盟门店好于普通加盟店的运营利润率和效率。

知名股评机构格隆汇评价，这种模式的好处在于，通过输出品牌和管理，华住就可以轻松赚钱。因此，从 2005 年第一个汉庭酒店开业，季琦就一直通过规模化扩张来提升自己的品牌和管理优势，并从 2017 年加速推动直营转加盟业务。2013 年，华住打造了首家高档酒店品牌禧玥，2019 年通过并购德意志酒店发力国际中高端酒店，从而大大提升了华住酒店的整体形象。2020 年 7 月，Frost & Sullivan 弗斯特沙利文公司曾做过一份调查，就消费者心智占有率而言，全季酒店在中国所有中档酒店品牌排行中名列第一。

但是，在数字化时代，仅仅有品牌资产还是不够的。正如现代营销之父科特勒所说，"未来的品牌都是掌握在用户手中"，华住集团要想保持对品牌的足够影响力和共创能力，就必须同时掌握足够的流量——会员资产。

4.1.2　牢牢把握会员资产

作为携程旅行创始人之一，季琦显然知道平台流量的价值，但更清楚平台流量对品牌的控制和影响。单单从利润角度，如果酒店需要从 OTA（在线旅行社，诸如飞猪、携程等）平台引流，就要给出 15% ～ 25% 的分佣，而对于不少酒店来说，他们的利润仅有 8% ～ 12%。也就是说，OTA 网站从每间房上赚走的钱，是酒店自己的两倍！

因此，季琦创业之初就决定把华住打造成为一个以华住会为核心的流量平台，并把会员资产作为自己的核心资产。华住集团高端品牌发展负责人王杭静透露，几乎从公司创立开始，发展会员就是华住门店考核最重要的指标，也是在所有管理会议上都强调"必须重点考核的项目"。所以，我们可以看到华住的会员体系持续扩大。截止到 2021 年第三季度，华住会的会员数量已经达到了 1.89 亿。未来，华住集团计划发展会员到 4 亿人。

如今，季琦和他的华住集团已经开始享用多年积累会员资产带来的成果：华住的客人 60% 来自中央平台预订，直销比例高达 87%。其中，入住经济型酒店品牌——汉庭的客人有 90% ～ 95% 都是华住会员，中档酒店品牌——全季的会员贡献率在 70% ～ 80%，中高档酒店整体的会员贡献率在 50% ～ 60%。

王杭静透露，目前华住把 OTA 客源比例压得非常小，基本不会让这个数字超过 20%。华住酒店会积极将从 OTA 平台预订酒店的客人转化成华住会员。在这个会员转化的过程中，OTA 的作用是拉新。

这样的布局，的确让华住掌握了充分的业务自主权，不会在特殊的情况下受其他平台的制约。相反，还可以对"不听话"的 OTA 平台进行"惩罚"。比如，早在 2015 年，华住就曾中断过与去哪儿、艺龙、携程这 3 家 OTA 的合作，原因在于这 3 个平台自发的促销价格战破坏了华住价格体系，即多次违背"直销价格最低"的约定。如果没有庞大的"私域流量"，华住显然不可能有底气与 3 个平台同时"断交"。

当时，华住特别强调"中断合作"是指"线上直连及线下合作需全部中断"，而且"在中断合作期间，门店和城区不得与此 3 家中介单签任何合作，不得接受此 3 家中介任何线下订单，一经发现将全部定义为门店违规操作"。

除了拒绝平台的硬气之外，会员这样的私域流量还可以带来"三高"（高忠诚度、高转化率、高复购率）价值。比如，根据不同流量来源的用户数据对比分析发现，华住的有效会员一年会入住酒店 6 晚，散客一般会入住酒店 2 晚，而 OTA 客人仅入住酒店 1.1 晚。以互联网 ARPU（Average Revenue Per User，每用户平均收入）值来看，华住会员的价值几乎是平台客人的 6 倍。

此外，会员的模式还让华住变得更敏捷。2020 年，由于受到新冠肺炎疫情影响，大多数的酒店都处于关门亏损状态，尤其是平时对 OTA 平台依赖较多的酒店，在疫情面前更是束手无策。即使是 OTA 平台本身，他们的日子也不好过。携程 CEO 梁建章连续通过"花样直播"出镜，帮助平台和生态伙伴进行在线推广促销，以期共度时艰。

但是，面对同样的困难，华住的做法却不一样。由于具有直接触达用户

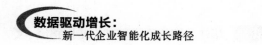

的能力，他们可以在疫情期间积极与会员进行沟通，并通过精准互动和促销优惠，及时把握用户动向，拿到客户订单。2020 年 4 月，随着疫情形势总体平稳，华住又第一时间承接用户需求，保证了业绩迅速回暖。

4.1.3 用 IT 精神改造服务业

"用 IT 精神改造传统服务业"是季琦流传在业界的名言。而这句名言提出的背景，却是他对技术、互联网和 IT 有着远超一般人的理解和体验。比如在学习经历上，他先是在上海交通大学工程力学专业攻读本科，后来又考取了机器人专业硕士学位；工作履历显示，他毕业后先在长江计算机集团上海计算机技术服务公司担任工程师，后来又参与创办了携程网以及如家快捷酒店等。

可以说，所有这些认知的累积，让季琦最早进入酒店行业的时候，就拥有以互联网改造传统行业的清晰思维。比如，汉庭酒店创办之初便同步建设了网站；看到移动互联网的势头，又抓紧开发了 App。即便是在资金面异常紧张的 2008 年，汉庭酒店的计划中也赫然列着这么一条：汉庭新机房完工，搭建业内最先进的 IT 平台。

为了更好地诠释传统服务业的升级路径，季琦又提出了 O2O2O 的概念。"我们的产品和服务都是 Offline（线下）的，这是我们的基础和根本。移动互联网时代，我们必须借助线上手段（Online）来传播、销售我们的线下产品和服务。这是第一个 O2O"。接下来，"用户 Online（线上）购买了我们的产品和服务后，必须来到我们 Offline（线下）的实体店来体验，这就是第二个 O2O。"季琦将两个 O2O 连起来，形成 O2O2O 的完整闭环。

不过，用 IT 精神改造传统酒店业，真正的价值还是降本增效，所有内容线上化后，无论是销售成本、管理成本，还是门店的运营成本和流量成本都在全面下降。比如在 GOP（Gross Operating Profit，营业毛利）上，大部分四星级和五星级酒店的 GOP 率都只在 20%～40%，但华住旗下酒店的 GOP 可以达到 60%～70%，汉庭酒店的 GOP 更能超行业平均毛利率 20% 以上。而在管理房间的人效上，可以达到管理 100 间房只需 17 个人，并且还在持续下降到 14 人、13 人等。

同时，数字化应用还在华住集团的规模化增长中扮演着重要角色。

华住集团总裁刘欣欣介绍，一个好的技术平台，一定能够助力公司业务的可持续发展。在连锁的业态当中，通过赋能、效率达到一个有效的 N 的时候，连锁就是 N 乘以 S，这个 S 可能是 10，也可能是 100。数字化技术的作用，就是帮助连锁企业通过某种方式达到最佳的状态，实现有序、高效的扩张。

比如在 2017 年收购整合桔子水晶酒店的过程中，华住用 87 天就完成了整合，在效率、经营能力上有了很大的提升。同样的逻辑也出现在花间堂品牌的整合中，华住的技术应用不仅让并购变得更加顺畅，而且还将好的品牌、好的业务模式真正融入公司大的组织体系当中，尽早产生确定的大合力。

华住集团也在尝试用技术进行全球一体化的平台建设。2019 年底，华住收购了德意志酒店集团。在后续的一体化改造中，华住一直以 One Digital 为抓手，完成了一套国际化的整合标准。虽然这次并购要跨国，有很多系统架构、数据合规的多方面考量，前后用了 500 天才完成整合，将 3 大范畴、9 大活动、42 条产品线输入欧洲，但却提升了中国企业通过数字化进行海外扩张的能力。

还有一个数据也值得分享。目前，华住旗下的全季酒店，从第 1 家开到第 100 家的时间，跟第 100 家开到 1 000 家的时间是相近的！华住集团可以利用自身的技术帮助酒店快速进行开业预测、数据整合、核心基础建设、流量赋能等操作，这里的技术是加速器一样的存在。

4.2 华住的产品供应链和用户分层

前文提到，在数字化时代，经营用户是营销的核心。华住在积累了庞大的会员资产之后，接下来要做的事情，就是为这些用户匹配不同的产品，满足他们在不同阶段和不同场景下的消费需求。

按照华住的说法，在用户需求"千人千面"的今天，差异化的产品特性能够帮助华住锁定更多的目标消费人群，提高市场份额。更为重要的是，多元的产品矩阵可以给低品牌忠诚者提供更多的选择，能够为华住提供更强的稳定性，降低企业风险。

4.2.1 华住的产品化形成之路

从产品 SKU 增长的角度，我们可以从自研和并购两种模式来看华住集团的产品链条扩充，这几乎贯穿了过去 16 年的发展历史。总体来看，大致上可以分为 3 个阶段——做大汉庭阶段、中高端布局阶段、国际化和下沉市场并举阶段。

从 2005 年在昆山创立第一家汉庭酒店开始，直到 2010 年在纳斯达克上市，是华住第一个高光时刻。这个阶段，主要是以做大汉庭为主要方向。但是，这样的高光时刻只维持了一年左右，市场竞争开始倒逼华住集团调整产品结构。2011 年，汉庭营收 22.5 亿元，同比增长 29.4%，但净利润仅为 1.15 亿元，下降 47%，市值也大幅度下跌，长期低于 10 亿美元。而在规模扩张上，汉庭也遇到了竞争对手的左右夹击：2011 年，汉庭新开酒店 201 家，如家酒店和 7 天酒店则分别开业 301 家和 376 家。

面对困局，在季琦的主导下，华住集团在 2012 年重启了扩张战略，重点就是布局中高端酒店。这个时期，季琦看准时代风口已从经济型酒店转向中档酒店的趋势，重点押注"全季"和"星程"，并成立全季独立品牌事业部，把全季的开发作为重点，布局旅游热点城市。这个阶段，华住建立了禧玥、全季、星程、汉庭、海友等品牌为核心的酒店矩阵，覆盖 100 ～ 1 000 元的价格。这些酒店中，禧玥是华住自主开发的第一个高端酒店品牌，星程则是通过并购产生的中档酒店品牌。

全季和星程酒店加速进驻旅游热点城市之后，战略效果非常明显。2012年第三季度财报显示：华住整体营收增长 42.6%，达到 8.936 亿元，净利润增长 63.8%，达到 1.036 亿元。同年底，汉庭酒店集团正式更名为华住酒店集团，目标是打造中国住宿业的世界级酒店集团。经过 2012 年的蜕变，2013 年华住全年酒店客房数量增长率达 59%，开始加快向二三线城市的渗透。

从 2013 年到 2019 年，华住一路高歌猛进，门店规模从 1 035 家骤增至 5 618 家，营收规模从 32.245 亿元上升至 112.12 亿元。7 年时间里，华住几乎不停地在并购：2013 年华住收购了星程酒店；2015 年华住收购了中州快捷酒店的 85% 股权；2017 年华住以 36.5 亿元收购了桔子水晶的全部股权；2018 年华住以 4.6 亿元收购了花间堂的 71.2% 股份；2019 年华住以 7 亿欧元收购了德意志酒店的全部股权；2020 年 1 月，华住完成与德意志酒店的股权交割。

可以说，兼并收购是酒店行业提升竞争力最为直接的手段，能够直接从客房数量、市场份额上取得领先优势，锦江和首旅两家酒店集团同样是走的这条路。通过收购，华住快速跻身到中国酒店中客房数量仅次于锦江的连锁集团，并形成锦江、华住、首旅三足鼎立之势。

2020 年是华住集团开始布局下沉市场的重要一年。中国饭店协会的数据显示，国内酒店绝大部分分布在三四线城市，但这些酒店的连锁化程度并不高，连锁化率只有 17%。华住要想进一步扩大规模，进入下沉市场是非常关键的一步。因此，2020 年 5 月，季琦设立了华住集团和华住中国两个架构，一方面亲自带队，开始深入"把汉庭酒店开到县城去"的战略布局；另一方

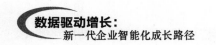

面则持续国际化并购与扩张策略，让华住集团进入国际化市场。

4.2.2 华住的用户分层和产品分配

经过不断的并购与发展，截至 2021 年 12 月，华住旗下拥有 29 个酒店及公寓品牌，主要覆盖了经济型、舒适型、高档型和奢华型 4 个类型。品牌包括汉庭、你好、海友、怡莱、桔子、宜必思、欢阁、漫心、全季、星程、美居、桔子水晶、花间堂、禧玥、宋品、永乐半山、诺富特、美爵、城家公寓、馨乐庭公寓、施柏阁、MAXX by Steigenberger、施泰根博阁城际酒店（IntercityHotel）、Jaz in the city 和 Zleep 等。

根据不同酒店品牌的定位和价格，华住又赋予了酒店丰富的标签，以便满足不同用户的需求，比如海友主打平价和方便，全季主打东方品味和自然得体，禧玥主打苏州园林和东方智慧等。多元的酒店矩阵不仅帮助华住锁定了更多的目标消费人群，提高了市场份额，也为潜在客群提供了更多的选择。

更关键的是，通过产品分层，还可以为自己的忠诚用户实现消费生命周期管理，形成会员独特的成长路线图。比如你刚刚毕业时，只能消费得起海友、怡莱这些华住体系内较为初级的酒店；毕业有了第一份工作，出差后经常入住的可能是汉庭、桔子和宜必思这样的经济酒店；工作两三年，或者成了单位主管，可以入住全季、桔子水晶、星程这样的酒店；如果成为单位领导之后，入住的酒店会是禧玥、花间堂这样的酒店。

显然，从商务需求来看，客户数量处于不断增长的过程，要想留住客户，就需要为用户"定制产品"——定制每个阶段"配得上"他们的产品，引导他们进阶消费，否则，没有人愿意为过时的产品买单。这是用户生命周期管理的基本操作。想要在用户身上赚钱，你就必须给用户一个花钱的理由。花钱的理由越充分，LTV（Life Time Value，生命周期总价值）越高；相反，如果不能满足会员新增的需求，就会被其他中高端酒店收割。

这也是 2021 年下半年，华住集团在中高端市场动作频频的原因。7 月与保时捷联手，在奢华型生活方式领域推出创新酒店品牌——施柏阁保时捷设计酒店；9 月，华住旗下高端品牌花间堂发布全新子品牌"花间"系列，聚焦度假市场中亲子、宠物、研学、康养等不同细分群体的个性化需求；10 月，通过合资公司永乐华住成功签约 22 家高档酒店。此外，华住还与远海 AMC、旭辉商业、云南航产投集团等多家企业达成战略合作，充分整合各自优势资源，打造"酒店＋"的丰富业态，加速布局高端市场。

一手数据，一手产品；左手会员制，右手生命周期管理，华住的数字化打法越来越娴熟，效果也很明显：散客、OTA →私域会员→经营会员→用户生命周期管理→会员成长升级→开发品牌矩阵→收益升级→酒店版图扩张→会员数扩张。客户越多，酒店越多；客户越高级，酒店越高级；酒店版图越大，客户越多……这一条闭环，闭得密不透风。

4.2.3　供应链的集采优势

《中国企业家》杂志曾经详细研究华住的供应链系统，发现"酒店行业的利润基本上都是省出来的"。省钱的秘诀在于控制成本，而控制成本的关键因素就包含了供应链系统。

连锁酒店对于采购有着复杂且规模庞大的需求，厨房、餐厅、房间、会议、娱乐、健身等，每个领域都涉及大量的产品采购和管理。从另一个角度看，华住除了已经拥有的 7 000 多家门店的存量需求，即将开业的 2 000 多家门店，以及未来将要新开的门店，都带来了很大的增量需求，也形成了非常强的供应链端的议价能力。

看到这个趋势，华住在 2015 年建立了一套完善、高效的供应链系统——

"华住易购"，尝试通过这个工具平台，将人、财、物呈现"新共享服务中心"的概念。通过把原来后台管理中一系列的业务抽取出来，进行规模化、集约化的赋能，在保证良好的用户体验的基础上，实现成本的有效控制。

华住易购的定位是"未来酒店业的天猫"，搭建电商平台，实现线下采购的线上化。现在，该平台已经有 1 500 多家供应商，1 000 多种商品品类，10 万商品数量，涵盖客房用品、酒店布草、电气设备、施工物料等，可以为华住旗下的酒店提供最便宜的采购，保证加盟商、客户投资收益最大化。目前，华住集团采购部的年采购金额从最早的 2 亿元增长到现在的 80 亿元。

全季 CEO 沈怡均曾举例：全季采购某一线品牌的床垫，采购价只是市场价的 2 折，比五星级酒店的采购价还要低；华住一年的瓶装水消耗为 1 亿瓶，某品牌的瓶装水市场价是 2 元，全季采购只要 7 毛钱。"你想想看，我一年要开三四百家酒店，一家酒店 100 间房，算下来就需要三四万个床垫。这样的用量，议价能力当然就很强了。"沈怡均说。

在酒店的升级改造和扩张加盟中，这样的成本控制更加重要。以汉庭为例，门店升级后的 3.5 版依托数千家门店的规模优势，能大幅地降低施工中的人力成本、材料费用及耗时，从而帮助加盟商降低开店成本。目前，汉庭单间客房的造价在 8 万元左右，RevPAR（平均可出租客房收入）比老版本提升了40 ~ 50 元，投资回报周期为 4 年左右，将来也会作为汉庭拓展市场的主力。

在应对新冠肺炎疫情的战役中，华住的大连锁优势也发挥了作用。疫情期间，华住一直坚持开店，借助自身强大的供应链体系和数字化平台，节约成本，提高效率，整体抗风险能力都要高于单体酒店。截至 2020 年 8 月 12 日，华住旗下酒店开业率达 98%，开业门店总数达 5 984 家，8 月 12 号当天平均出租率（Occupancy Rate，OCC）单日超 90%，RevPAR 在疫情期间首次突破 200 元。

4.2.4 华住的数字化布局

在秦朔策划的《未尽之美：华住十五年》一书中，详细描述了季琦早期制定的数字化战略：胖线上、快线下、强中台！2019 年，这套战略又升级为"人机合一"的互联网战略。

所谓"胖线上"，实际上是开始于 2016 年的全面信息化运动，季琦希望能够最大限度通过在线化，为后续的数字化布局打下基础；"快线下"其实强调的就是数字化的应用，按照分布式原则，每个业务单元既能够独立运作，又能够通过中台连通，实现数据的互相调度；"强中台"则是通过数据中台和业务中台的部署，实现数据治理、数据洞察和数据追踪，有效驱动前台和后台的一体化运营，是打造数据驱动型企业的基础设施。

华住集团科技中心副总裁宋方介绍，华住的目标是建立一个五化系统，即业务数字化、组织数字化、产品数字化、产业数字化和数据业务化。按照目前的情况布局，华住在业务运营、组织管理协同和产品研发上都已经实现目标，产业数字化和数据业务化也在大力推动中。

在企业数字化转型中，最大的难点不是技术开发，而是如何结合不同业态实现技术的有效应用。酒店行业实际上是"产品 + 服务"模式，更多的是关注产品后面的整个生命周期中所延展的服务，这是华住集团在整个数字化部署中真正有别于其他企业的地方。而其中的关键，就是围绕用户服务和酒店经营，形成全流程数字化的业务闭环，华住称之为两个闭环的合力。

这两个闭环一个是 To C 的直销，另外一个就是对于 To B 的门店、酒店的赋能。二者通过数字化有机地结合在一起。这里的关键在于：每一个闭环都有自己的自然生态，这个生态也让华住得以梳理自己的业务流程，再以系统化的方式进行整体的布局。从 To C 直销的维度来看，华住用数字化方式构建了全渠道营销体系，无论是小程序，还是华住会 App，当然也包括华住 ToB 的商旅生态等。同时，也把每一个单店的触点都当成会员转化和体验服务最重要的场景。

除此之外，对于旗下的每一家酒店，华住从选址开始，到开店、后期的运营，实现了酒店全生命周期管理的数字化。"酒店经营的基础是找到一个好的店。"一个好的选址决定了这家酒店未来 50% 的经营能力，这会用到精准的算法；开好店的维度则包括工程线上化、营建线上化，这里会匹配一套标准化的、基于客户体验的产品；从管好店的维度来看，华住可以从平台获客、效率赋能，以及共享服务来进行中台赋能。

在形成全流程数字化闭环之后，华住要做的事情就是围绕数字化应用提升效率，打造一套差异化服务闭环。这套以客户为核心的服务闭环，重点从预订、住中、定制化服务和倾听客户 4 方面入手，涵盖了 17 个环节。具体做法如下。

（1）订房阶段，做好 1+X。

华住订房环节的服务体验被称为 1+X，即围绕酒店做线上线下服务，把酒店特殊的服务，通过数字化工具的产品提供到线上。这里的服务包括 6 个关键点，即最低价、个性化搜索、华住钱包（积分）、出行推荐、在线选好房、发票预约。一个标准的在线选房场景体验流程是：当用户通过华住的 App 预订客房时，系统就会实现个性化搜索及后续一系列的在线服务。预订完成后，线上平台会给用户推送客房平面图，用户可以自主挑选房号，平面图会告诉用户该房间的具体位置，以及房间是否有风景。选中房间后，订单就直接被调到酒店的管理系统中，用户入住时就可通过自助机器办理入住，这个过程和到火车站自助取票一样方便，把身份证放到机器上读取，房卡就会自动出来。

与 OTA 平台相比，这套系统更加人性化，比如支持预订房间后可以在

18 点之前随时进行取消，无须客户打电话跟酒店确认，还可以提供电子发票服务等。如有问题，"华小二"（AI 语音电话）会提供在线服务，用户的应退未退、应到未到等服务，都可以由"华小二"解决。为此，华住每个月的 AI 客服电话量超过 400 万。

在酒店房间定价方面，也是通过大数据来解决。比如，华住开发的"华住超脑"可根据后台数据（1.89 亿会员的数据池）实时分析供需关系，帮助酒店做出价格调整的决定。无论涨价还是降价，背后都有上千万条数据支撑，可以有效减少人工判定带来的失误，大大提高了数据准确性。早在 2019 年的应用中，整个华住集团就实现了自动调价 1 086 次，自动调价比例最高达 58%。

（2）从入店到离店，做好"30/0/15"服务。

订房之后，客人很快就会进入下一个阶段——住中。这是另外一套逻辑，按照场景需求，主要包含了光速入住、高速 Wi-Fi、机器人服务、生活圈推荐、Hello 华住 5 个关键点。

华住首先解决的是入住问题。考虑到客人的舟车劳顿、疫情期间的无接触服务，以及减少服务人手，华住提出了 30 秒入住和 0 秒退房的解决方案。这套方案的支持系统，就是被称为"易掌柜"的自助机。通过这套机器，可以实现预订、支付、入住、离店、在线选房、发票预约、自助发卡等一系列操作。

这套支持系统为华住带来两个变化，一是让原来低头工作的前台服务人员可以抬头微笑，增加了服务的体验感，并优化了 57% 客人的入住办理比例，平均每天可以节省 6.4 小时；二是可以进行商业模式再造，优化酒店大堂空间设计，前台占地面积比例从 10% ～ 12% 缩小至 5%，进一步释放了消费需求空间。

但是，这套系统的背后却需要大量数据连接和技术提升。为了实现30秒入住，华住集团携手公安和文旅部门打通支付平台、人像核验、旅业系统、酒店系统、门禁系统和直销中介六大系统。而取消传统的面对面柜台服务，在酒店内合理布局自助系统设备，提供无接触服务，则需要更加智慧化的设备，才能降低对员工技能的要求，提升客户的服务体验。

15分钟响应，是华住为住客提出的另外一个承诺。机器人服务是主要的解决方案之一。酒店机器人不仅降低了人力成本，还大大提升了运营效率。目前，华住门店的机器人能够实现平均每天客需送物121单。

宋方说，过去10年消费互联真正推动的是需求侧的改革，从我们的搜索比价，到基于LBS（Location Based Services，基于位置的服务）的定位，再到美团这些团购拼团，以及后面的"网红"内容营销和场景销售，虽然手段不同，但真正核心的都是直接对消费者干了同样的事情，即拉新、转化、存留、复购。

因此，他认为华住差异化服务闭环的设计，就是这套市场流行的"海盗模型"的行业个性化版本。如果把客人的预订和住中看作是拉新转化部分，定制化服务和倾听客户环节则属于留存和复购，只有保证这4个环节服务的完整，才能真正提升服务品质。

比如，在客人的定制化服务部分，主要包含了滴滴用车、续住／退房、会员专属服务（充电宝、自助洗衣、健身房、行李寄送／寄存、欢迎礼）等，而倾听客户部分，则实际上更像一个考核指标，比如你的服务有没有受到客人打赏或者点赞，尤其是NPS（Net Promoter Score，净推荐值）有没有提升？数据回流之后，又可以进行归因分析，再次进行服务优化。

（3）如何给员工赋能？

从2016年开始，在华住的"胖线上"战略中，其一口气开发了20多个易系列技术应用。除了前面提到的"易掌柜"之外，还有"易发票""易反馈""易客房""易维护"等，从用户体验和客户服务角度来实现赋能。华住人称之为"人机合一"。从战略管理的角度，这套技术应用的目的，就是明确"人机合一，让天下没有难管的酒店"的数字化战略目标。在"人机合一"的背后，就是业务线上化、运营移动化、流程自动化及数据智能化，以赋能的态度把所有的业务流程串联起来。

"易系列"数字化产品的开发，大大提升了酒店与运营效率。毕竟，酒店行业的从业者和所有服务业都有一个特点，就是通过人工去完成一些标准化或者非标准化的业务，一个好的数字化的平台就是通过机器协助人工，让他们的工作变得简单。

例如客房布草打扫的工作，又重又慢。华住就通过"易客房"系统，帮助客房服务员设计好打扫路线，减少与前台的沟通并减少路上时间的浪费。同时还有一个"易培训"的技术应用，可以通过业务培训，教会客房服务员如何用科学的方式提高效率。这些可以解决类似这样的问题：如何在 30 分钟内把 68 项打扫工作完成？

通过技术对客房服务员的管理，华住"出房"的速度提高了 44 分钟，酒店的可支配时间多了。这样就可以让下一位客人早点入住，也可以作为钟点房来销售，减少空租率，提高出租率。优化后的效果也是立竿见影。以 2019 年为例，当年的平均出租率达到了 84.4% 的水平，领先于大部分同行。2020 年由于受新冠肺炎疫情的影响，出租率下降。而在 2021 年，华住的出租率又重回 90%，让满房成为常态。

在华住，所有的数字化升级都要围绕着人来进行。每一个岗位的华住人，无论是单店店长还是前台、客房服务员，都能够得到数字化的赋能。华住集团总裁刘欣欣的目标是"用技术武装每一个华住人"，让他们都穿上技术"超人"的衣服。她曾经提出一个"从 1.2 米到 1.8 米"的观点："可能我们每个岗位都需要一个身高 1.8 米的人才能符合要求，而每个身高 1.8 米的人，必定要求跟 1.8 米身高匹配的工资。但其实，我们只要招聘到身高 1.2 米的人就行了，我们给他穿上这套'超人'的衣服，让他具备身高 1.8 米的能力，然后付给他跟身高 1.5 米匹配的薪水。他得到了超出他能力的收入，公司也节省了成本，这是一个多方共赢的局面。"

为此，华住员工都会使用一款叫作华通的 App。所谓"生活在微信，工作在华通"，华通就是华住数字化操作的底座。目前，华住 3 万员工里只有 2% 的员工配备电脑，只有 6% 的员工会使用电脑，剩下 92% 的员工全是一线的服务员、清洁师、保安、厨工，他们不会使用电脑，只有手机。依托手机上的华通，就可以有效地连接每一个人、每一个组织，进行组织与组织之间的匹配，人与人之间的连接，团队与团队之间的协作。

目前，华通可以实现手机、计算机、平板电脑多屏互通和多端互动，拥有 100 多个应用，有 13 万人在此连接，实现了员工、加盟商和供应商的全覆盖。在这个平台上，华住集团还可以实现内部的员工管理和考核，员工的计件计薪、奖金全部可以通过系统自动计算，华住内部企业价值观的宣传、活动通知，也可以通过平台进行宣发。

4.2.5　流量导入和会员的养成

2020 年，针对私域流量概念的流行，季琦结合市场趋势提出了"线下大王慢流量"的新概念。他认为，相对于微信、淘宝等可以用社交关系链和低价来快速产生流量，酒店的流量是每一位拥有确切信息的会员和住客，沉淀过程较慢，可以看作是慢流量。"慢流量的忠诚度、黏性更高，华住希望未来每年有 3 亿人次入住旗下酒店，把住客的预订习惯和喜好等记录下来进行分析，推动更好的服务。"

事实上，季琦提到的慢流量说法，本身就是私域流量运营的核心，按照弯弓研究院的观点，会员就是忠诚度最高的私域流量。他只不过是"身在此山中，云深不知处"罢了。可以说，华住创业开始的 16 年时间里，其在私域运营的每一步都可圈可点，尤其在私域运营最难的流量导入和会员运营部分。接下来，我们重点从两个方面解读流量导入和会员运营。

（1）慢流量的导入心法。

在流量导入部分，华住最值得学习的是获客策略的制定。这一点，不得不说季琦深谙人性。

最出名的莫过于 2012 年的酒店免费上网。经历过的人都知道，以前在酒店上网是要收费的，费用为每小时 80 元或者每天 120 元不等。对于商务人士而言，上网显然是刚需。如果有免费网络可以使用，而条件只是注册成会员，显然对客人来说是不小的诱惑。

对于华住而言，1.89 亿的会员还远远没有养成，很多流量来自散客或者 OTA，如果用这种方式能够实现用户留存，显然是成本很低的做法。于是，注册会员马上免费上网，成为当时颇为"震动"的营销事件，也成为华住会早期重要的流量来源。此后，华住还策划过注册会员免费使用充电宝等事件，无不是从目标人群的刚需出发，获得流量机会。以前，我们也许为导流设计了非常多的玩法，但华住的经验告诉我们，最好的玩法莫过于刚需。只要找到用户真正的需求，并根据需求设计链路，无所不成。

此外，对健身房、洗衣房等不同场景的利用，也是华住获得"慢流量"的好机会。从华住的视角，客人入住酒店的每个场景都可以设计成会员转化触点，比如免费洗衣、免费健身等。并且通过这种需求研究，还可以给用户打上清晰的行为标签，有助于下一步的深度运营。

我们知道，华住是一个高度直销化的平台，有87%的订单来自自有App、微信小程序和企业直链等平台。因此，为了不断导入新鲜流量，华住在流量导入方面也采取了很多新的玩法，通过不同社交平台的全渠道布局，让目标用户能够在不同渠道找到华住，实现进一步的私域转化。

比如，越来越多的消费者选择通过不同的内容平台，去完成种草、下单、打卡、点评一系列新型的消费模式，而这也推动了酒店售卖方式的变化。洞察出这一趋势的华住积极布局内容生态，例如华住官方微信公众号推送内容时会植入"华住会小程序"，为新店开业做促销活动或品牌种草。同时，华住也布局视频号，不断拓宽内容渠道，创造与消费者决策路径相匹配的全新消费场景。

针对微信生态庞大的流量资源，华住还优化了"微信搜一搜"入口，将过去分散的搜索流量集中到华住会品牌官方专区，使酒店预订、促销活动、会员积分等功能一目了然。华住还开发了前台工具"一阳指"，让13万酒店员工都拥有专属的企业微信二维码，既可以满足用户个性化服务的需求，又可以拉新会员加入，积累私域流量。

而对那些还没有成为会员的酒店客人，华住在线下门店推出了"华掌柜"小程序，为私域用户提供了大量差异化的服务，用户到店办理入住、免费借充电宝、免费去健身房、酒店投屏、离店后开电子发票等，都能通过一个手机在线整合完成。同时，用户只需要打开微信扫一扫"华掌柜"小程序，即可注册成为华住会员，并通过"华住会"小程序的个人账户体验所有的会员权益。

（2）会员体系的养成。

对于私域流量运营而言，流量导入很难，但也只能算是一个开始，会员的运营转化才是关键，这就要制定一套完整的养成体系。

在华住会，积分是一个很重要的东西。通常，华住会员每消费1元得

1 积分，每 100 积分可当 1 元现金抵扣消费。你可以用积分抵扣房费，也可以在华住会 App 上的商城购买商品、兑换福利等。

华住打破了传统"积分制"相对孤立和古板的模式，把积分打造成一种内部流通的"货币"，可在多种场景消费或赚取。从需求到奖励，再从奖励到需求，形成一条自我激励的闭环。

或许你会说，我不是长期在华住消费，积分也没多少，不注册会员也可以。但是，毕竟华住集团的产品覆盖面太大了，如果你的公司有跟华住合作呢？你要出差呢？

例如，你是弯弓研究院的员工，弯弓跟华住签订了差旅协议，弯弓的差旅系统能与华住系统直连，可以实现预订酒店、费用结算、开发票、续住等烦琐的操作一键搞定。如果你是华住会员，住宿所得积分还能归到自己的账户下，而非公司的账户下。同时，只要企业跟华住之间有协议，就可以用企业注册的邮箱来直接升级为会员等级，ToB 和 ToC 一手抓。

因此，出差时选择入住华住酒店并加入会员，且自己出游时依旧选择入住华住的人，自然不会少。毕竟有积分，也有优惠。对于华住而言，不仅获得了新用户，也能够利用系统直连增加与 ToB 用户的黏性。至于你在自己出游时选择什么样的酒店，可以根据积分情况从华住 29 家酒店里进行选择，真是善解人意。

在华住，会员级别分为 5 档，分别是星会员、银会员、玫瑰金会员、金会员和铂金会员，不同级别的会员享有不同的权益。只有星会员的权益是永久的，其他会员都只能享有一年权益。会员级别可以直接购买（银卡 49 元，金卡 219 元）获得，也可以通过绑定企业会员直接拥有，但这些会员不能用权益抵扣住宿，只能换来身份，然后按照每一种会员的消费权益享受服务。并且，只有不停住宿才能保证这些利益。

总体上，星卡累积 3 个定级间夜可以升级为银卡，银卡累积 5 个定级间夜可以升级为玫瑰金卡，玫瑰金卡累积 10 个定级间夜可以升级为金卡，金卡累积 40 个定级间夜且未按预订入住的次数小于 3 次则可以升级为铂金卡。

不过，华住还有一个裂变的方式。如果你是铂金卡会员，有 3 个金卡会员的邀请名额，也就是说，可以跨过星卡会员、银卡会员、玫瑰金卡会员直接变成金卡会员。这样的设计也是参透了人性。对于铂金卡会员而言，邀请别人有面子，对于华住而言，赋予铂金卡会员这个权益，对自己而言也有"里子"——有新会员。关键在于，铂金卡会员邀请好友一定是相同圈层，华住用这一年"权益"来"收买人心"，真是内外兼得之举。

总体来看，华住经过多年打磨已经形成一套有效的会员体系。会员分为成长会员、付费会员、分销会员等多种形式，华住会员属于付费会员的一种。会员的设计中，等级权益、利益驱动和价值流动是非常关键的 3 个维度。等级决定了身份荣誉，利益决定了会员的成长性，尤其决定了自我驱动的核心动力，而价值流动则代表积分的价值诱惑，通常来说，价值越丰富，续卡的诱惑就越大。

如前所述，华住的会员设计已经形成了一条自我驱动链条：付费获得身份等级，不断住宿可以获得升级空间，而在升级之后，随着积分不断增加，并达到一定兑换标准之后，就可以享有在华住 29 个品牌的酒店中选择住宿的权益。由于酒店本身就是一种刚需，这样的价值便具有不小的诱惑，会让你不停地住宿，以换取更高的积分。

至此，华住会的会员权益设计就完成了一个有效的闭环。我们知道，从 2005 年创办第一家汉庭酒店，季琦就已经设计了这样的会员方案，从第一个会员到 1.89 亿会员，已经被 1.89 亿次证明了这个方案的有效性。读懂人性和刚需，真正的会员价值不过如此。

第 5 章

麦当劳、喜茶的用户数字化资产

营销技术能够建立与用户的紧密连接和有效互动，进而积累数量巨大的用户。麦当劳、喜茶借助营销技术更好地积累了用户数字化资产，并用各种有效措施实现商业价值变现。

5.1 麦当劳将成为数字时代的新"互联网企业"

在很多人的印象中，麦当劳好像是传统企业，但其实它已经悄悄转为互联网企业，并拥有数量规模巨大的数字用户资产。

5.1.1 麦当劳的数字用户资产

受 2020 年新冠肺炎疫情影响，餐饮企业面临巨大的挑战；但麦当劳却不同寻常，其除了关闭湖北地区门店、景区门店之外，其他地方近 3 000 家门店都持续营业，线上订单也日趋火爆。一篇刷遍了营销圈的爆文经过一连串分析，将麦当劳能照常营业的原因归为"建立了品牌信任感"，让用户相信在疫情期间麦当劳依旧"干净、安全"。"品牌""用户信任""企业文化"等概念固然有其意义，但麦当劳和其他优秀的竞争者相比，拥有哪些他人难以企及的竞争优势呢？其实，早在疫情开始之前，麦当劳就特别注意培养到店顾客通过手机"自助点餐"的习惯，这样可以减少排队，提高效率。同时，门店与外送员默契配合，实现了"无接触配送"。而最核心的是，此时的麦当劳已经拥有过亿的私域流量。弯弓研究院发现，麦当劳已拥有 8 000 万人以上的私域流量质量很高，不仅都是本人曾经到店的真实会员，并且与微信或支付宝生态关联，已完成数据整合与打通。

换句话说，麦当劳如今可以免费、实时、反复地给过亿的"私域用户"推送广告消息，并且可以根据每个用户的消费偏好，推送定制化的广告。这意味着什么？以投放微信朋友圈广告为例，假如按照一二线城市每千次曝光约 100 元的价格计算，麦当劳随手往自己的私域流量池里群发一下信息，就是一次价值 1 000 万元的推广。在多数品牌都苦于流量越来越贵，需要付出的推广预算越来越高的时候，麦当劳甚至打算利用区块链技术把自己打造成流量平台，反过来收别人的广告费。

5.1.2　麦当劳数字化时间进化路线

麦当劳作为一家历史悠久的规模庞大的公司，到底经历了什么，才决心去做数字化并最终积累了如此体量的用户数字资产呢？通过整合各方信息，我们简单梳理出了一条麦当劳数字化时间线。

2013 年 10 月，麦当劳任命了第一任首席数字官阿提夫・拉菲克（Atif Rafiq），表明麦当劳高度重视数字化并采取了实际行动。

2014 年，IDC 资深副总裁弗兰克・詹斯（Frank Gens）提出，"2014 年，所有重要企业都会扩大云端、行动和海量数据相关投资"。而这一年麦当劳完成了测试并大规模推广自助点餐机。

2015 年，麦当劳在数字化方面同时采取了三大措施。一是麦当劳先后与微信、支付宝达成合作，率先开展了如今享誉全球的中国移动支付。9 月 25 日，麦当劳宣布正式接入微信支付，上海成为首个接入区域。上线首日推出"满减"活动，各门店现场火爆。数据显示，上线当天，麦当劳上海的 172 家餐厅里，微信支付单日交易占比最高的门店，有接近 80% 的交易是通过微信支付完成的。二是麦当劳以"数字化和个性化"为特征的第一家智慧概念餐厅在中国香港营业。三是麦当劳手机 App 正式开放下载，这一 App 本质上是一个用于培养用户忠诚度的会员系统。

2016 年年初，麦当劳的 CEO 向投资人表示，其 App 已经有超过 700 万次的下载量，不仅高于行业标准，使用率也高于预期。这一年，麦当劳开始大力推动"未来2.0"战略：通过触屏自助点餐机、双点式柜台、送餐到桌等一系列硬件和服务，为顾客提供数字化、人性化、个性化的体验。仅2016年上半年，全国就有超过1 000家麦当劳餐厅完成"未来2.0"的升级。麦当劳中国副总裁、首席市场官须聪女士在报道中透露，在2017年之前，已经有近2 700万微信用户关注了麦当劳的微信公众号，约有1/5的顾客在麦当劳餐厅选择用手机微信付款。

2017年4月20日，在浙江杭州的中国"互联网+"数字经济峰会上，麦当劳首次推出了i麦当劳小程序。如今回过头来看，这意味着麦当劳中国以小程序为核心的私域流量体系初步成型。10月26日，麦当劳（中国）宣布了"愿景2022"加速发展计划，提出了未来5年销售额年均增长率保持在两位数的目标。预计到2022年底，中国的麦当劳餐厅将从2 500家增加至4 500家，开设新餐厅的速度将从2017年的每年约250家逐步提升至2022年的每年约500家。届时，约45%的麦当劳餐厅将位于三四线城市，超过75%的餐厅将提供外送服务，为中国消费者带来充分便利。"愿景2022"还提到"未来2.0"餐厅覆盖率将提升至90%以上，为更多的顾客提供数字化及人性化的用餐体验。

2018年8月，麦当劳中国首席执行官张家茵女士在发言中提及："麦当劳于2017年在全国推出会员计划，至今已累积近5 000万会员。"同年，麦当劳宣布8月8日为"8.8会员节"，这实质是一场全渠道的包含官方App、微信、支付宝的营销活动，为此麦当劳不仅一反常态地请了代言人，而且开启了为期28天的史无前例的优惠活动。在如此大力度的投入之下，其最核心的目的，也是用户参与的唯一条件，就是注册成为麦当劳会员——进入麦当劳的私域流量池。这场被称为麦当劳有史以来"打通渠道最多、触及客群最广、促销力度最大的会员活动"，共获取新注册会员达1 000万人。

2019 年 5 月 24 日，麦当劳中国首席数据智能官蔡栋在腾讯云的访谈中提及："我们已经有 7 000 万会员。"2019 年麦当劳财报显示，其全年同店销售增长 5.9%，增长率为 10 年来最高。在 2018 年麦当劳股价上涨了近 35% 的前提下，2019 年麦当劳股价上涨了 20.5%。

2019 年 3 月，根据美国《华尔街日报》对麦当劳首席信息官丹尼尔·亨利（Daniel Henry）的专访，他当时给出了个性化营销服务公司 Dynamic Yield 的一个应用场景：当你来到"得来速"时，麦当劳可以通过大数据综合分析天气情况、"得来速"排队点餐的情况，以及其他消费者在同一个片区的点餐情况，为你提供消费建议。"例如，如果外面天冷，我们又知道有人买了苹果派后还买了杯热咖啡，我们将开始整理这些信息，并对我们的消费者做出提示。随着数据越来越多，和每个消费者的互动过程也会变得越来越智能。"Daniel Henry 指出，消费者的个性化体验是业务增长的动力之一，但这与为消费者提供便利也相关，还能够为员工简化科技的复杂性，所以这是属于一揽子考虑。

2020 年，麦当劳的外卖需求大增，会员的数量也在这一年迎来暴涨。2021 年 1 月发布的公开数据显示，麦当劳中国的注册会员数量已经超过了1.6 亿。与 2019 年 5 月的 7 000 万会员相比，短短一年时间就扩张了一倍多。

5.1.3 麦当劳具有高度敏捷的数字技术能力

麦当劳从对门店的数字化，到线上构建私域流量池，一路稳扎稳打走到今天。事实上，麦当劳的用户数字资产只是"成果"，另一个他人难以企及的巨大优势是麦当劳的数字化"能力"——数字技术，尤其是 MarTech（营销技术）的应用。

（1）麦当劳有着"魔鬼般"的经营效率。

麦当劳的外卖单多数来自于自有的小程序、App，不需要支付流量费用，并且借助数字化技术建立了自己的配送体系，连配送费也不让第三方平台抽佣。在国外，麦当劳与Uber合作；在国内，麦当劳除了自建配送体系之外，也与顺丰合作。深见网络CMO陶欣在演讲中透露，合作得以展开的关键就是解决外部配送员的路径信息问题，为此他们在外送箱上装了非常多的传感器，"包括GPS，路径的追踪，天气、温度、湿度及气压，也就是说如果他乘电梯到了高楼上，我们就知道他大致已经送到多少层楼了，这是因为平地与高楼的气压是不一样的。但对于传统零售行业而言，要做到这些其实是非常难的。"麦当劳的这套配送体系不仅价廉，而且物美，他们的配送速度相当快，保证的送达时间仅为30分钟。

（2）麦当劳有着高度敏捷的运营机制。

正像前文所提及的那样，新冠肺炎疫情期间麦当劳仍然能照常营业，显然不是由于麦当劳做到了"无接触取餐""消毒勤快"，就带来了得天独厚的"用户信任"。对于其他餐饮企业而言，要做到这些根本不难。我们需要先了解一组简单的餐饮行业数据：餐饮行业的租金通常仅占成本的10%左右，而食材、人力成本各占30%左右。

所以在困难时期，餐饮企业能否正常营业的问题其实是：如何在最低限度的人力投入与最低的供应链压力下，尽可能多地创造营收？其实渠道这一点已经有答案了，那就是麦当劳的私域流量。而其他条件虽然不能说已完全实现，但麦当劳也将近完成了80%：熟悉麦当劳的人就会知道，他们一间门店通常有5个基层岗位，分别是食材加工（腌鸡肉）、厨房（炸鸡肉）、装配（把炸鸡夹进汉堡）、前台（负责点单）和大厅（清洁与收桌子）。在新冠肺炎疫情期间，拒绝堂食且全部使用手机或屏幕点单，前台和大厅只需要一个人就能全部负责。这名员工只需在顾客走进门店时测量体温、引导顾客使用屏幕或手机点单，等顾客拿着外卖离开，闲时进行简单清洁即可。至于如何让产品的销售相对单一，减少品类压力，从而减少食材加工、厨房、装配的人力成本，麦当劳的做法十分"简单粗暴"：给巨无霸套餐这款明星产品打出超高折扣，让顾客难以找到购买其他品类的理由。

基于智能点单、小程序推送等技术的应用，麦当劳以极低的人力和物力就能维持基本的营收。当然，在宏观上麦当劳的连锁经营能力大幅领先于国内企业。据 36 氪特邀作者何沛宽统计分析，在中国，2018 年 Top100 餐饮企业营收约为 344 亿美元，占行业的 5.6%。在美国，2017 年 Top5 餐饮企业市场份额达 10.6%，Top50 餐饮企业市场份额达 27.7%，远高于中国。再者，在代表规模化能力的连锁化程度上，美国的 66 万家餐厅中，31 万家为连锁品牌，占比达 47%，而中国餐饮当前连锁化率为 5%（参考值），中国的头部品牌集中度还有相当大的上升空间，规模化能力有待提升。

（3）投资布局了科技企业。

目前，在国外，麦当劳已经投资了 3 家科技企业，包括从事个性化和决策逻辑技术的公司 Dynamic Yield、提供折扣券的应用程序供应商 Plexure，以及人工智能语音公司 Apprente。在国内，麦当劳投资了以互联网、人工智能、区块链、云计算为核心技术的深见网络。

5.1.4　麦当劳未来的数字化展望

（1）布局超级 MarTech 应用。

所谓超级 MarTech 应用，就是指多种技术复合下的黑科技。一个典型的例子是麦当劳在国外已经初步推出的智能点餐屏，"他"可以根据时间、天气、交通情况等因素，自动为用户做出人性化的推荐。比如夏日炎炎，他会问用户要不要加一份冰可乐；而在微寒的小雨之中，他会问用户是否要在正餐之外来一杯热咖啡。这其中涉及的不单单是语音识别与对话，还需要特定的人工智能与物联网技术应用，甚至要基于原有的用户数据基础才能得以实现。

（2）积极谋划未来流量生态的新格局。

区块链是一种安全与加密程度极高的技术，麦当劳打算借此整合多方用户数据，建立"会员联盟"，创造并掌握一个拥有大量流量的广告平台。据悉，其沟通了通航、春秋联合等几家同样拥有数千万用户数据的公司，一方面互相"撞库"使各自的用户画像更加精准，另一方面可以整合后对外开放，开展收费的程序化广告购买业务。届时，不仅将有互联网企业创造的流量平台如淘宝、微信等，也会有数字企业互相融合的局部流量生态，而后者的可筛选便签还具有线下门店与业务等真实场景，在一些特定条件下，甚至会成为品牌投放广告的最优选择。

5.2 喜茶的数字化新营销

喜茶创立于 2012 年，是国内新茶饮领域的领军品牌，由于产品受到年轻人喜爱，并经常出现排队购买现象，被舆论贴上了网红的标签。喜茶自创立以来，虽然年复一年都有唱衰声音，却一直很红火。

2021 年，这家备受瞩目的品牌至少出现了两大趋势。一是门店越开越多，从遍布城市 CBD 的 GO 店，到深圳南头古城的"手造店"，大大小小已经有900 多家。这些门店全部采取自营模式管理。自营之外，喜茶也启动了多品牌扩张计划，目前已经投资或者并购了 5 家连锁门店。二是喜茶的产品形态也越来越多元。2020 年 7 月，喜茶进军气泡水业务，在当年"双 11"期间实现了超 4 万箱、50 万瓶的销量。在气泡水一炮而红之后，喜茶于 2021 年还推出了包括 15 元一支的雪糕、8 元一瓶的果汁茶。喜茶此前也公开表示：未来要将自身品牌势能延伸至快消领域，超越地点、场景限制，为喜茶瓶装饮料产品打开更广阔的全渠道空间。

此外，喜茶也已开始进攻咖啡领域。2019 年 3 月，喜茶在北上广深的 4 家门店推出了咖啡品类的产品，首批试水的仅 4 家：深圳万象城黑金店、广州惠福东热麦店、上海湖滨道热麦店、北京君太百货 DP 店，如今已拓广至其他门店。

随着喜茶在市场上不断发力，来自资本市场的追捧也越来越猛。2021 年 7 月，喜茶宣布完成 D 轮融资，由红杉资本、高瓴资本、腾讯投资、淡马锡等多家公司联合投资 5 亿美元，投资后估值达到了 600 亿元！刷新了中国新茶饮的融资估值纪录。对比其他竞争对手，蜜雪冰城估值为 200 亿元、茶颜悦色估值为 130 亿元，奈雪の茶在港股上市当日的最高市值为 320 亿港元。

喜茶的估值为何越来越高，它在市场上做对了什么？

5.2.1　以用户数字化资产为核心

艾媒咨询报告显示，2018 年，中国现制饮品门店数已超过 45 万家，新式茶饮市场规模超过 900 亿元，而喜茶正是其中的佼佼者。当时，在多家投资机构的评估中，喜茶的估值已达 160 亿元，但有趣的是，行业估值第二名的奈雪の茶仅为 60 亿元，两者的门店数都在 400 家左右，但奈雪の茶估值却不到喜茶的二分之一，这在资本市场中并不常见。尤其是在新式茶饮这个进入门槛极低、同质化极高的行业里，传统的商业思维似乎无法解释喜茶的胜利。若论产品美誉与品牌人气，有长沙一城就开出 140 家、公众号活跃粉丝排名第一的茶颜悦色；论门店数量，有广开加盟门店突破 5 000 家的蜜雪冰城；论跨地域经营能力，"COCO 都可"的门店已开至英国、美国、韩国、加拿大、泰国等地。在人们以为茶饮品牌之间比拼的只是口味、服务、包装设计的时候，数字化建设已经成了新式茶饮的必然趋势。一个离我们很近的例子是，新冠肺炎疫情期间，茶饮品牌通过自有小程序商城与O2O平台，开展的外送业务与品牌周边零售业务，是它们的主要盈利来源。如何在线上触达、提醒、吸引消费者，已成为决定品牌生死存亡的重要议题。

一方面，流量越来越贵已是必然的趋势，自建私域流量池是每个茶饮品牌必然的未来。只有通过数字化构建私域流量，才能使商家不会完全受制于日渐趋于垄断的互联网平台，而自己掌握一定的话语权。

另一方面，产品的竞争已渐渐趋于供应链数字化程度的竞争。在产品同质化日趋严重的时候，自建并掌握一条独属于自己的原料、运输、生产制作的供应链体系，才有机会让自己的产品脱颖而出。这不仅仅是食材和物流的问题。举个例子，喜茶和奈雪的茶都各有约14 000名员工，"我们现在有14 000多名员工，如果未来门店数量是现在的10倍或者100倍，那么如何让这么多人做出一致的产品？品质控制稳定，才是最难的。"为什么喜茶的估值惊人？或许正是因为在数字供应链和数字营销这两件事情上，喜茶堪称行业教科书。

数据显示，早在2019年12月31日之前，喜茶已经在43个城市开出390家门店，新增门店数量为220家，其中主力店157家、Go店63家。毫无疑问，喜茶是茶饮行业里对企业IT化与门店数字化执行得最为坚决的公司，在新增的220家门店中Go店增加了63家。所谓Go店就是无人收银、仅使用小程序下单的喜茶门店。2019年喜茶Go小程序全年新增1 582万用户，小程序用户总数达到2 150万。2019年喜茶公众号单篇推文阅读量最高达99万。截至2020年5月，喜茶GO小程序用户数已超2 600万，复购率实现3倍增长，门店超过80%的订单来自小程序。

更进一步，喜茶推出"星球会员"。简单来说，星球会员就是普通会员的升级版，它需要消费者支付 179 元购买 12 个月的"星球会员"身份。星球会员可以享受双倍积分，并且开通就会立刻获得一批优惠券，每个月还会定期收到一批优惠券。此外，还有星球会员专享的积分兑换商城。这种"星球会员"有两方面的优势。一是在经济效益上，锁定高质量客群。会员在购买后会产生"买都买了""挽回损失"的心理，从而有效地提高消费频次。并且，基于付费而提供的超高规格权益，将对竞争对手产生排他作用，持有星球会员身份的消费者将减少对相似竞品的消费，转而选择喜茶。二是在长期运营上，将忠诚的用户筛选出来，可以为其提供行之有效的差异化互动策略。通常愿意付费 179 元的用户已经对喜茶有了足够的信任，可以优先将其他产品线推送给他们，比如客单价更高的品牌周边产品，扩充边际消费的同时深化品牌印象。当然"付费会员"不算是新鲜事了，尤其在线上视频网站这一领域。然而在实施落地的过程中，尤其对有线下场景的行业而言，数字化程度不够的企业将遇到重重阻碍。用户可能今天用支付宝支付，明天用微信支付，而阿里和腾讯的数据不互通，要怎么统一他们的积分数据？微信上发了一张"免运费券"，用户能不能在美团和大众点评上使用？有些订单是在线下门店柜台下单的，有些订单是在线上下单的，指引厨房工作的信息系统是否能够统一管理，并依次排好队？否则"优先券"怎么实现真的优先呢？这还没提后端的仓储、物流、财务等管理系统的联动配合。深挖下去，你会发现这背后将牵引出一连串的技术需求。

喜茶的竞争对手将发现创意不是最重要的，重要的是要有能将创意落地的 MarTech 应用。而要把 MarTech 用好，自身的营销数字化建设必不可少。

5.2.2　以品牌 IP 化和全域流量运营为两翼

1. 品牌 IP 化

品牌创作"立体式内容"就是把定位更精准、深刻、快速地植入消费者心智。以元气森林为例，在一些人眼里，元气森林所面对的竞争环境是这样一个画面：虽然它快速抢占了无糖气泡水市场，但前有健力宝、统一、康师傅等老牌选手，后有喜茶等新秀的快速跟进，面对群雄环伺，没有核心能力、缺乏竞争壁垒、只懂得讲故事的元气森林，只能在巨头企业的围剿中瑟瑟发抖并束手待毙。但事实是，群雄被元气森林一家反向包围了。目前元气森林仅一款气泡水就有 5 种主流口味，旗下还有"燃茶""乳茶""健美轻""外星人"等多个产品线，横跨汽水、奶茶、纯茶、水果茶、酸奶（正在开发中）、功能饮料等品类。

所谓"立体式内容"，是指所有策略都是优先服务于内容策略的。元气森林的相关策略如下：内容先行，随后所有的产品设计、外包装、供应链、推广渠道、推广策略等，都优先服务于内容策略。如果你带着这个思路去审视元气森林，就会发现它有一个极其显著的、区别于其他饮料公司的特征，就是"单一"。而通常品牌的目标群体是广大受众，它们的设计要取得的不是某一个人或某一类人的欢心，而是要参考整个市场上审美水平的最大公约数。例如，宝洁（P&G）旗下的 OLAY 审美完全在线，但旗下的海飞丝、飞扬洗发水的包装却似乎永远又艳又俗，原因在于这种高饱和度的"艳俗"包装，放在大商场里才容易获得消费者的目光。而元气森林不同，它一开始就盯准了 25 ～ 35 岁、注重健康的又喜爱饮料的年轻白领，只要讨他们的欢心就可以了。一是设计风格单一，如此细分的定位也意味着风格的调整空间并不大。二是销售渠道单一，发展前期根本不在乎大商场货架这一类渠道，只专注不断崛起的"便利店"渠道就可以了。三是推广渠道单一，不说电视广告，就连品牌必备的"双微一抖"（公众号、微博、抖音）在最初它也不怎么在乎，而是在小红书上快速发力，专注俘获年轻女性的芳心。四是一切都在为"品牌内容"让步。这正如元气森林首席质量官 CQO 秉乾曾对"蓝鲸财经"记者提到的，"我们的使命是用户第一，所以一切都是围绕用户来想、来做"。

　　当然，立体式内容打法也只是在当前时代背景下才慢慢具有可行性。社交媒体的兴起创造了一种可能：品牌可以全心全意地讨好自己的用户，而不必在乎无关人等的评价，因为"他人"根本看不见。举个例子，20 世纪 90 年代，社会并不会讨伐所谓的"直男审美"，因为他们真的能念叨出女性的牌子有哪些，比如潘婷、玉兰油、欧莱雅。但如今的男性有极大的概率根本不知道有一个叫花西子的彩妆品牌，哪怕 2019 年花西子年度销售额突破10 亿元，哪怕它在全国有超过 1 000 万的消费者。当然，我们的读者也许对花西子有所耳闻，那再稍微调高一下难度：你知道周杰伦的"御用词人"方文山吧，知道"B 站 6 级大佬""来自二次元的歌手"周深吗？你知道他们联手创作了一首由方文山填词、周深演唱的《花西子》吗？

　　通过圈层，我们就能实现更有效的"圈层化互动"。诸如花西子这样的品牌，它并不会盲目地追逐"顶流明星"或是"流量平台"，而是只在圈层里找合适的合作对象，比如"古风圈"里的非遗手工大师、汉服品牌网红、古酒厂家、古风歌手等。他们的流量或许不算大，但却能引起圈层内的饱和式互动。

　　说回喜茶，作为一个大龄"网红"，被广为讨论的是它最近又出了什么新设计、研发了什么新口味，或是和谁做起跨界联名了。纵观喜茶的跨界联名频率之高，不仅在于它擅于艺术，更擅于在商业的角度理解与使用艺术——这本质上得益于对用户群体的精准认知。有两件事是不太被人熟知的：一是喜茶还是皇茶的时候，设计和装修水平也一样泯然众人。二是，喜茶的设计根本就"不稳定"，它尝试过的艺术风格和联名次数不仅冠绝行业，而且在全国范围都无出其右。在不稳定中能稳定地被用户喜欢，这种超乎寻常的用户洞察力才是喜茶的核心能力。现在不少企业采取的"品牌联名"策略，其有效的根本前提是联名对象在用户心智中的"流量"，而喜茶和百雀羚、点都德等的联名也不断凸显这种精巧。要如此精准地认知用户群体，只有数据数量是不够的，还必须要有足够高的数据质量。

2. 全域流量运营

在用户数据质量上，不仅需要知道用户的性别、年龄、职业与身份，还需要进一步知道他们喜欢什么、热衷于哪些品牌、关心哪些时事、会被怎样的内容吸引等。这些信息可以通过面对面调研与线上互动获取，但更大规模的数据质量提升，则必须依赖于诸如 CRM/SCRM、数据中台等营销技术来实现，而构建全域私域流量池就是很好的途径。

在线上，预估有 185 万用户关注喜茶公众号"HEYTEA 喜茶"，并使用喜茶 GO/喜茶星球二级会员系统。据喜茶官方披露，截至 2021 年 5 月，喜茶会员系统内已有 3 500 万会员。

虽然我们一直在谈用户画像，但很多人可能根本不清楚商家拥有哪些数据，也就难以联想到数据分析能推导出什么。从喜茶对用户数据隐私保护的公告中，我们可以知道喜茶会员系统拥有一个人的哪些数据：姓名、性别、出生日期、电话号码、电子邮箱、偏好语言、第三方平台（如微信）的用户名、所在省市、会员等级、卡内余额、使用会员服务的日期与频率、购买或接受卡券的名称与频率、线上点餐时的收件人姓名、电话号码、送餐地址、购买的产品名称/金额/日期、登录时的地理位置信息、设备信息，以及在互动中可能会向会员收集的收入、婚姻状态、工作、教育背景等人口统计相关信息，以及会员可能感兴趣的主题相关信息。把这些数据再乘以 3 500 万，就是喜茶会员系统所拥有的用户画像，这还不包括对外部数据的观测和打通。尤其是在用户分析上，数据可以进行精准的用户喜好预测。从喜茶披露的报告来看，它有许多给人以"灵感"的数据结论：女性用户更爱温暖（热、温、去冰的占比高于男性 14.4%）；在"80 后""90 后""00 后"三代人中，越年轻越爱"正常冰"，越年长越爱"温"；"00 后"选择正常糖的比例是 41.8%，而"80 后"仅为 17.1%。这些数据经过解读，就能进一步指导企业决策。比如上文提到的年长者对糖分的顾虑，实质是对健康的顾虑，为此喜茶就在行业中率先推出了可降低 90% 热量的"甜菊糖"。

在营销动作上，数据可以支持自动化的营销应用。如果想"安利"给朋友某款喜茶的产品，千万不能说"点开小程序第三个就是了"，因为你和他打开的小程序界面未必相同。根据你在打开小程序时的定位，喜茶会自动为你分配距离最近的门店；然后会根据门店数据，将目前最热销的存量较多的产品，优先展示给你；实施灵活的折扣策略，比如根据不同的时间段为你推荐早餐、下午茶等不同的组合。自动化的千人千面营销，不仅可以灵活控制库存，还能有效提高销量。可以想象一下，在这 3 500 万人的数据里，喜茶可以从中分析出什么并获知什么？用户洞察不是一个主观、感性的词汇，而是浩如烟海的"数学题"。

5.2.3　以高效供应链整合管理为基础

现在，大家都对小程序点单、外卖配送习以为常了，不妨向身边人问一个问题："你点外卖用的是什么软件？"多数人会回答："美团和饿了么啊。"

但如果你进一步问，"点麦当劳或者喜茶呢？"他们通常会回答你："哦，这几家我是用小程序点的。"这是很多人自己都没意识到的习惯。如今美团和饿了么的抽佣最高可达30%，很多中小餐饮商家的利润率甚至都不足以支付佣金，而喜茶自己掌握的流量，是无须支付给平台流量成本的。最好的例子是长沙地区的区域茶饮冠军茶颜悦色。这个品牌有不亚于喜茶的人气值，公众号活跃粉丝预估有377万名，远超喜茶的185万名，但它并没有建立足够成熟的会员系统。同时，由于线下卖得太好，供不应求，因此其在以往几乎没有开展线上的外送业务。2020年受新冠肺炎疫情影响，一向不怎么关心线上业务的茶颜悦色一口气在饿了么上线了13家外卖店。然而与这份迫切相比，喜茶更为从容，其自有的小程序不仅不需要支付给外卖平台抽成，还在疫情期间开展了无接触的新零售购物方式，以及引导用户提前预购以指导更高效的门店生产。而从扩张能力上看，如今喜茶已经在全国开启了900多家门店，甚至进军海外，而茶颜悦色的扩展步伐极慢，目前的门店仍局限于以长沙为核心的湖南本省。虽然论产品、论用户忠诚度，茶颜悦色都不输于喜茶，但显而易见的是在数字化能力上前者仍然远远落后。将两者放在一起，茶颜悦色就象征着把传统的产品、品牌概念执行到极致的天花板，而喜茶则是利用数字化转型打破天花板的人。

多数茶饮品牌的原料来自于外部购买，但这就导致了这些品牌的原料选择、物流条件可能和竞争对手差不多，甚至大家的原料供应商是同一家。而要避免这种产品同质化，就需要通过数字化布局，使自身的供应链更加的独立、高效、可控。普通茶饮品牌一年推出新品的数量为3～10款，而2019年，喜茶共推出240余款新品，涵盖"茶饮""热麦面包""喜茶甜品""茶极客特调""喜茶喜拉朵""喜茶食验室"等系列。如此多的新品，并非是在实验室里研发就能完成的。喜茶创始人聂云宸曾表示："产品是由原料而非配方决定，而决定原料的最终还是对供应链的掌控与深耕。"

据"i 黑马"报道，喜茶有自己的茶园，且很早就溯及上游茶叶供应商，与原产地茶园深度合作。茶叶、水果受气候和种植环境影响，需要从源头进行品控，喜茶和上游茶园签订独家协议，出资改良土壤、改进种植和制茶工艺。据喜茶供应链负责人透露，一块土壤的改良周期长达 5 年。因此，起步越早越有利于在供应链上获得先发优势。比如，店内的明星产品"金凤茶王"中的"金凤"。喜茶方先是确定了"压低苦涩、提高回香"的茶叶需求，并联系了多家茶叶供应商，最终选择了中国台湾南投地区的极品乌龙茶王等多款茶叶，并投入进行生产工艺改良，最终诞生了一款对普通人也很友好的涩味极低、茶香馥郁、回甘极久的茶。

但重点在于：这款茶叶原先在行业中并不存在，而后续也难以复制。一是原材复杂，所谓金凤其实是由乌龙、茉莉多款茶叶搭配而成的一份茶叶。二是工序独特，这不是茶饮品牌在门店端就可以完成的事情，必须要与上游供应商战略合作进行定制。不仅如此，喜茶还率先将热量降低 90% 以上的甜菊糖引入现制茶饮行业。近年来饮品市场的高糖、高热量广受人诟病，被年轻人当作发胖的罪魁祸首，而据腾讯 CDC 调研，目前有超过一半的喜茶用户知道喜茶的甜菊糖，有近两成的喜茶用户尝试过甜菊糖。

早在 2017 年 4 月，喜茶就上线了 ERP 系统，布局数字化供应链。2021年下半年，喜茶推出了自行研发的采购平台，从原料的品控开始，采购、库存、配送管理全程标准化作业，为产品创新提供最大的支持。从另一个角度上看，对大规模的连锁品牌而言，单纯依赖主观创意做出爆款产品的机会微乎其微。不管一个构思有多好，它首先要能批量供应，然而好的食材必然具有一定的稀缺性。举个例子，三峡巫山有种特产叫巫山庙党（党参中的一种），风味浓厚，某知名中式餐饮品牌曾试图以这种食材推出一款党参鸡汤，于是一轮沟通下来，发现当地全年的产出量根本跟不上各门店长期的需求，最终不了了之。要爆款之余又能产销联动，就必须比全行业的产业链进步更快，在大家都是用粉末冲奶茶的时候，喜茶（彼时为皇茶）就用上了鲜茶鲜奶；随着全行业对成功爆款的跟进，产业链也日趋成熟，如今茶叶成本为每千克 100 元，牛奶成本为每升 12 元，淡奶油成本为每升 25 元（据亿欧访谈统计），此时的喜茶却又先人一步跑去源头，布控数字化供应链了。

即使我们抛开原材料的问题不谈，任由研发人员天马行空般地发挥，大概率也会使一款新饮品需要高度复杂的工序，很轻易地就会超出市面上所通用的自动化机械的功能水平。那要如何才能让这个生产过程可控、可复制，并覆盖所有连锁门店呢？只有两个办法：一是建立自己的软硬件数字技术能力，二是具有标准化、数据化的生产过程管理。

喜茶的数字化转型无疑是成功的，其提供的数据显示，2019 年，销量最高的北京朝阳大悦城店全年一共卖出超过 113 万杯；喜茶总部所在的深圳2019 年的销量最高，超过 2 000 万杯；而 2019 年日出杯量最高的广州惠福东热麦店，曾经在"十一"期间做到单天卖出 4 879 杯饮品。喜茶门店单店日均出杯数为 1 500 杯，单店单日最高营业额为 17 万元，单店单月平均营业额在 100 万元以上，个别城市门店一个月的营业额可达 400 万，这些盈利状况较好的门店单店一天可以做出 3 000 ～ 4 000 杯茶饮，这一数据远超同行。

喜茶产品的成功，可能和如今被人们广为称道的设计水平、艺术气息、品牌风格等的关系都不大。人们以为"他"是艺术生，其实"他"是理科状元。"他"欺骗了我们，"他"的茶其实是用数字泡的。

第 6 章

百果园、良品铺子以数据驱动的中台战略

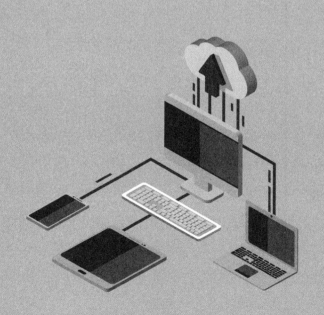

在人工智能新时代下，用户圈层多、产品类型和品种复杂、场景多样，中台能够以用户为中心，快速响应用户需求，而百果园和良品铺子以数据驱动的中台战略具有较强的领先性。

6.1 中台及中台建设

国内最早进行中台实践且最为成功的是阿里巴巴，而中台的理念则来源于 Supercell 公司的启示。2015 年，马云带领阿里巴巴集团高管拜访了位于芬兰赫尔辛基的移动游戏公司 Supercell，Supercell 采取高效的"部落"组织策略，其仅有的 100 多人被分成若干个小前台组织，每个前台组织都包含了做一款游戏需要的所有人员，以利于快速响应用户需求、快速决策、快速研发、快速把产品推向市场，而游戏引擎、服务器等后台基础则不需要前台组织费心。这种模式使得 Supercell 公司成为年税前利润 15 亿美元的游戏公司，更是于 2016 年 6 月被腾讯以 86 亿美元收购了 84.3% 的股权。此后，阿里巴巴开始下决心对组织结构进行彻底改造和重构，建设整合阿里产品技术和数据能力的强大中台，组建了"大中台，小前台"的组织和业务体制，成效显著。而目前腾讯也正在大力推进中台建设，并向企业与开发者开放业界领先的包括用户中台、内容中台、应用中台、通信中台、AI 中台、安全中台等中台。

6.1.1 何为中台

所谓中台，是指为了更好地响应用户和满足用户需求，把面向各业务和终端的公共服务汇集一起，真正为前台而生的高级别能力复用平台。

第一，中台是更好地为前台创新服务的。中台是为了前台规模化创新服务的，为了更好地响应用户和服务用户，进而实现自身能力与用户需求的智能匹配。

第二，中台提供的是高级别公共服务。中台不同于前台和后台，其为前台提供的是公共服务，服务的水平和能力是企业级的。

第三，中台提供的是复用能力。中台必须是"可复用"和"易复用"的，这也是衡量中台建设好坏的重要指标；而能力则体现在"业务响应力"和"业务满意度"。

6.1.2　中台兴起的深层次原因

（1）为了更好地响应用户需求。在互联网时代和人工智能时代，必须秉持"用户体验为王"的理念，即以用户为中心，以体验为核心，而中台能够加强企业和媒体的用户响应力，帮助企业和媒体提升竞争力。为了更好地提升用户响应力，阿里采取了"大中台、小前台"的策略；海尔提出了"平台自营体支撑一线自营体"的战略规划；华为则提出了"大平台炮火支撑精兵作战"的发展战略。

（2）传统的"前台＋后台"的平台化架构已经不能有效满足企业和媒体的需求。前台是企业和媒体的最终用户直接使用或交互的系统，如用户直接使用的网站、手机 App、微信公众号等；后台一般管理企业的一类核心资源，如财务系统、产品系统、客户管理系统、仓库物流管理系统等。一般来说，后台和前台之间存在脱节，后台解决的核心问题是企业管理效率问题，并不能很好地支撑前台快速创新响应用户的需求。

（3）中台建设的核心目标是以用户为中心的持续规模化创新，即持续提升企业和媒体的用户响应能力和规模化创新能力。中台建设根本上是为了破解用户响应能力的困境，来有效解决快速变化的前台与变化较慢的后台之间的配速难题。

6.1.3　中台的种类

中台作为公共服务平台，根据对接前台业务的不同，可以分为不同的种类，主要有业务中台、数据中台、算法中台、技术中台、研发中台和组织中台等。其中，业务中台重点提供重用服务，如用户中心、订单中心等，数据中台重点提供数据分析能力，算法中台提供算法能力，技术中台提供自建系统部分的技术支撑能力，研发中台提供自建系统部分的管理和技术实践支撑能力，组织中台则为项目提供投资管理、风险管理、资源调度等。

6.1.4　中台建设方法

在所有的中台中，数据中台至关重要，下面我们就以数据中台为例，来看看中台应该如何建设。

首先，"横向规划，纵向切入"是建设原则。所谓"横向规划"，是指在进行数据中台规划时，需要打通企业和媒体的所有业务板块，唯有如此，才能把沉淀的会员数据、交易数据、服务数据等数据资源有机融通，进而真正成为企业和媒体的宝贵资产。所谓"纵向切入"，因为数据中台是涉及数据平台建设、数据模型建设、数据治理、数据业务服务等内容的系统性工程，所以要快速找到数据中台的核心抓手，即从最可能体现业务价值的数据需求出发，来倒推数据资源、数据模型、业务场景与数据服务，然后再逐步拓展全局性的数据中台。

其次，采取"规划、集成、建模、研发、管理、服务"6步法。在总体规划方面，要求明确哪些数据域需要纳入数据中台规划，包括建设的先后顺序、潜在的数据应用需求、物理形态及技术选型规划。在数据集成方面，即根据数据应用的场景反向推导、确定数据集成的方式，如实时采集或者离线采集。在模型建设方面，数据模型分为分析模型和算法模型，模型的建设，既需要熟悉业务，又需要熟悉业务流程，更需要深刻理解数据应用场景。数据建模分为选择业务过程、声明聚合粒度、确定模型的维度信息、确定事实及冗余维度 5 个步骤。在通用研发方面，包含数据萃取、数据聚合分析、算法实现及作业调度等功能的开发。在资产管理方面，最基础的工作是做好元数据管理，元数据包括了采集的数据接口、创建的数据模型、数据模型中的指标及作业与作业之间的依赖关系。在数据服务方面，通过建设数据服务达到数据接口标准化、在线交互实时化、数据开发可视化等方面的能力。

6.2　百果园的中台战略

　　我国是世界上第一大水果生产国和消费国，近年来，国内水果消费需求持续扩大，产能也在扩大。国家统计局数据显示，我国水果行业市场规模从 2014 年的 22 768.5 亿元增长至 2018 年的 24 524.4 亿元，市场规模不断增长。而根据观研天下的预测数据，到 2025 年我国水果行业市场规模将达到 27 460.1 亿元左右。2019 年上半年生鲜电商用户对水果蔬菜的需求占比达到 47.4%，2020 年我国生鲜电商突破 3 300 亿元市场规模。但目前我国仍没有一家水果零售品牌公司上市。创立于 2001 年的百果园，如今已成为中国第一家水果特许连锁专卖店，在中国连锁经营协会于 2020 年 6 月发布的《2019 年中国连锁百强企业》上，百果园成功入围，年销售额增速超过 30%。据 "IPO 早知道"，2020 年 6 月 1 日，百果园就向中国证监会国际部递交材料，拟于港交所主板挂牌上市，并在后续已获证监会批准；2020 年 11 月，百果园与民生证券签署辅助协议；2021 年 2 月，百果园已

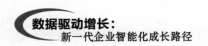
经敲定在深交所挂牌上市。

6.2.1　水果店生意极为复杂

水果，作为高频刚需的生鲜产品，其门店增长的需求不亚于奶茶店、咖啡店。具体到"水果店"这一场景，在外人看来，水果的毛利率高、创业起步成本低、没有专业技术门槛，并且还颇具小资生活情调，因此水果店一直是普通人创业的热门选择之一。但绝大多数的市场份额依然分散在个体户手里，水果店、咖啡店、鲜花店、奶茶店，并称白领创业"四大坟场"。

（1）水果生意很特殊。普通人可能很难想象水果生意有多难做，不就是进货、卖货、搞搞促销吗？而实际上水果生意极其特殊：水果是"农产品"，但它偏偏不像蔬菜和肉类一样有切、煮、调味的过程，多数情况下我们洗洗就吃了，因此水果其实更偏向于是一种"零食"，这导致了它的口味、成色、品种（比如皮厚不厚）都很重要。但作为"零食"，它又不像薯片一样是工业标准品，依然有着农产品生产周期长、保质期短、品质不一等问题，通常最好的保存方法是摘下来后立刻吃进肚子。

（2）水果店生意极其复杂。一方面，要求水果企业能够准确预估客户对水果的品种、数量、时间的需求，连夜下单订货、冷链物流、建站仓储、精准营销、门店交付或外卖发货一气呵成。但这还只是基本功。另一方面，水果行业还集合了多数行业都会有的难题：进入市场的技术和资金门槛低，品牌要如何面对大量同质化的市场竞争？供应链上的不可控因素太多，如何实时预测供需情况，并快速应对？有红富士苹果但却没有××品牌苹果，用户只认产品名字而不在乎品牌归属的情况常有，此时品牌要如何维系用户黏性，建立专属于自己的产品竞争力？百果园不仅解决了这些问题，并且还牢牢占据了水果零售连锁这一行业的 Top1。

6.2.2　百果园的中台战略实施方案

百果园一直高度重视技术，很早就打造了基于传统 IT 软件架构的 ERP 系统，但是当 2014 年"O2O"模式在零售行业兴起时，原有技术的系统伸缩性不足，无法支撑百果园迅速增长的线上业务高流量。百果园的新业务要实现三大变化：一是在实现线上、线下业务一体化上，百果园需要将线上、线下全渠道的订单、商品、会员、采购、物流供应链、库存、营销等业务体系打通，实现各业务链条在全渠道的实时协同；二是除打通全渠道业务体系外，还要求其 IT 基础设施具备在全渠道经营下的全盘业务管控能力，即在"全预算""全成本""全流程"三方面体现出传统 IT 基础设施无法体现的价值。

为了解决该难题，百果园成立旗下科技子公司"百果科技"，从迭代百果园"ERP2.0"切入，自研 O2O 数字化解决方案。因此，百果园将其 IT 基础设施从 ERP 向中台转型，开始搭建自身的业务中台。2019 年 6 月，百果园正式启动业务中台项目。百果科技作为百果园的核心 IT 团队负责此项目，并选择从采购系统、进销存系统等以 IT 为主导的业务系统切入，开展中台升级。百果园的双中台架构如图 6-1 所示。

经过 6 个月的开发，百果园完成了业务中台的搭建。百果园通过业务中台打通全渠道的会员、商品、订单、库存、营销等业务体系，实现了线上、线下一体化的经营。其中，采购、配送、销售实现全渠道协同，订货流程实现优化，供应链效率、库存周转率大幅提升。此外，在互联网化的中台架构下，百果园的前端业务应用具备了更强的灵活性和可扩展性，能够更加从容地应对市场变化所带来的各类业务新需求。

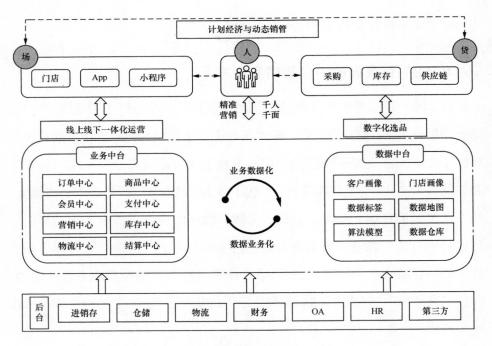

图 6-1　百果园的双中台架构

　　百果园搭建业务中台的成功要素之一，是不将中台建设作为一个独立项目，而是将其融入百果园整体 IT 基础设施的开发体系中，与其他业务相关的底层开发项目结合、并行。在组织安排上，百果园的管理层、产品架构、基层研发团队从上至下全员投入。为了更好地激励基层技术人员对中台项目的配合度，百果园对其权责也进行了优化。此外，百果园的 IT 团队对公司整体业务及数字化需求具有较强的理解能力和项目主导能力。

6.2.3　百果园的中台战略生产

　　企业进行数字化转型的前提是自己要有"数"。单说营销这一场景，你的产品属性是否能够数字化？以水果为例，某品种的梨子口感、外观、色泽的数值分别是多少，销量和价格的函数关系如何，和其他品种的梨子相比有哪些异同？可以想象，谁掌握这些数据，谁就能更精确地预测市场。但水果作为非标准品，要产生结构化数据是极其困难的。也许有人会问，一些连锁大商场如沃尔玛，不是有不同品种的苹果的销售数据吗？但问题在于这仅仅是结果，我们很难据此去解释该品种卖得好的原因：可能是它外表好看一些，又或是它摆放的位置人流量更高一些。因此，比起数据的数量，数据的质量更重要，但到底什么是数据质量，这就需要专业人和"老实人"才能做得好，而百果园恰恰是专业的老实人。

（1）百果园公司创立了"四度一味一安全"的量化维度。

百果园公司是将水果按照"糖酸度、鲜度、脆度、细嫩度、香味、安全性"分成招牌、A级、B级、C级4个等级。据了解，虽然在"糖的测量"等部分维度中可以采取仪器测试，但许多测试环节依然摆脱不了大量高成本的人力评测。百果园"订立标准"的做法则产生了无与伦比的效果。一是百果园将直接掌握供应链话语权。谁给产品分级，也就意味着谁更有可能给产品定价，甚至可以根据百果园的市场预测，反向指导上游产地种什么品种、怎么种、种多少。这意味着百果园在对供应链的议价能力上具有极其显著的优势。二是未来百果园将更有可能获取人工智能等新技术红利。以人工智能（AI）为例，其有多好用，我们就暂且不去提了。此处的重点在于，以往的新技术多数可以"有了就买，买了就用"，但在可预见的未来里，以深度学习为主要模式的人工智能却是一项"需要大量的特定数据"去训练的技术。比如我们都知道某品种的苹果甜又脆，但AI需要先知道这种甜和脆的"量级"是多少，是7分、8分还是9分？销量与售价的函数关系如何？和其他品种的数据对比，用户对甜和脆的偏好度有多高？经大量训练数据的"投喂"，才能使AI最终得出利益最大化的种植、采购、溢价，以及千人千面的营销策略。三是在前端营销应用中得天独厚的优势。从最"功利"的角度看，虽然百果园一年在 IT 技术上投入 1 亿多元，但却换来了每家门店下一周的销售情况预测准确度高达 84%，实实在在地减少了水果运输、库存、销售（水果品质随天数下降，积货需要促销）的成本。此外，报告称百果园有超 5 000 万名会员，而根据会员的性别年龄、社群表现、购买频次、购买金额、消费偏好等数据，每位会员至少能形成数十个用户标签。

（2）百果园能实现更高层次的千人千面。

虽然水果店的业务看似只是在单调地卖水果，但每个人对水果都有自己的喜好，而常规的千人千面只能实现"基于表象"的筛选。比如基于购买记录，某用户喜欢购买价格较高的某品种的苹果，而从来不购买柠檬，我们大体可以判断他对价格不敏感，应优先给他推送新品种苹果的产品信息，而非促销信息。但这名用户到底为什么喜欢苹果呢？是因为口感更脆，或是不爱削皮，还是单纯喜欢"甜"而不喜欢柠檬的"酸"？这些特别具象化的用户对口感、体验、味道等的偏好，是难以被常规的大数据所识别的。而百果园针对每一种水果本身所建立的架构化数据，就能实现这样更深层的"基于属性"的洞察。要知道，营销有效性每提升 1%，都将产生直接的营收增长。诚然，商业世界里有些天才操盘手可以凭借直觉去做对决策，但人才是难以复制的，也是难以迭代优化的，只有"正确"也能规模复制的时候，才是一家企业能成为独角兽的理由。

6.2.4　高度"信任"的文化是基础

在对待合作方这件事上，百果园极其严苛却又极其温柔。据悉，其加盟申请的数量到成功加盟的转化率仅为 4%。一旦确定合作关系，百果园就极其信任对方。没钱？可以提供贷款。盈利了？可以给你更多的信任，让你去开更多的店。还有大家都知道的百果园对用户的"三无退货"政策已经践行了 10 余年。

（1）首创"不好吃三无退货"。

2009 年，百果园推出"不好吃三无退货"并在全国门店积极践行，即消费者如果对水果口感或品质不满意，可无小票、无实物、无理由退货。2016 年，基于服务再升级，百果园还在线上 App 推出了"不好吃瞬间退款"，将"不好吃三无退货"延伸到线上，顾客在门店购买水果后，也可在百果园 App 上进行退款操作。此后又进一步升级到"三无扫码退"，即在 App"瞬间退款"的基础上，推出线下"扫码退"。在门店购买的顾客，可扫描门店的退货二维码，自主完成退款操作，且顾客可自主决定退款比例，最高可退款 100%。百果园创始人、董事长余惠勇现场发布的数据显示，10 年间，百果园门店数从 100 家增长到 3 700 多家，年销售额从 1 亿元增长到 100 亿元。这当中，百果园总退货订单数（含三无退货及其他退货）、总退货金额占比始终低于 1%，其中"三无退货"订单数、退货金额占比始终保持在 0.5% 左右。三无退货的践行，可谓让信任还以信任，即商家先信任消费者，消费者同样也还以信任给商家。

对外部用户，除了上文提到的"三无退款"外，百果园还有一个极其有效的营销策略：付费会员。在线上，百果园曾经试过各种发券营销，还做过很多类型的优惠卡、会员卡，但现在只有超级会员卡：先支付 199 元，换取相应福利。而百果园的亮点在于，连付费会员身份竟然也是可以退款的。如果你在持有卡的这段时间里，使用的优惠数额没有超过卡的面额，那么你可以选择退卡退费。比如某用户办卡 3 个月后要出国了，期间优惠总共只减了 30 元，那么他可以退卡并退 169（199-30=169）元，真可谓"买不了吃亏，买不了上当"。百果园图的就是"把高净值的忠实客户圈出来"。能买卡的，必然是已经高度认可这一品牌的用户，对一些基本的信息比如品质、农药残留、质检等十分放心了，不需要反复强调。他们所需要的营销策略完全不同，甚至可以给他们推荐一些周边品类，比如品质非常好的大米、油、鸡蛋等。

（2）对加盟商高度信任。

除了顾客端，"信任"也是百果园内部重要的文化体系。2002年年底，百果园开始发展加盟，积累了十几家店。每天货车把水果配送到这些门店，门店要进行验收。因为验收过程太长，一辆车本来能送5家店的货且上午9点就能送完，结果到下午4点都送不完。如果一辆车送一个店则物流成本又会飙升。于是，余惠勇大胆地做了一个决定：现场不验收，照单接收，有问题总部认账；只要提出来，总部就相信。这样一来，配送效率大大提高，退货却没有明显增加。公司相信加盟商，加盟商相信公司。多年来，通过信任，百果园大大降低了经营成本，也提升了加盟商的效益。与此同时，"扫码退"系统的数据溯源，还可以帮助上游供应商通过数据反馈改良生产，让水果更好吃。此次升级后，对于三无退货订单，百果园公司会给予加盟商相应补贴，也就是说百果园公司会承担顾客退货的部分损失。对于无故恶意退款订单，百果园将给予门店绝大部分补贴，保证加盟商的利益。

（3）在组织内部高度信任。

据沈欣所述，百果园内部有意识地在扶持、提拔一些年轻一辈（"80后""90后"）的新人，并大胆地把部分营销预算交到他们手上。诚然不是每次项目都能带来理想的收益，但站在高远之处来看，企业有意识地自己孵化数字人才是一条无法绕开的路。更直观的一个侧面例子是，你能看到百果园有十分大胆的"网红式"的IP设计和形象升级，虽然这在针对年轻人的品牌或者电商品牌中常有，但对于线下零售起家的企业而言，确实比较少见。

2021年10月，百果园发布了新零售5周年报告。报告显示，自2002年第一家特许连锁专卖店营业开始，百果园经历了18年的发展。截止到2021

年 10 月，其一体化门店突破 5 000 家，一体化会员数达 8 000 万，心享付费会员数累计 110 多万，百果园 App 用户数达 1 500 多万，百果园小程序用户数达 4 000 多万，百果园社群用户数达 500 万。其业务范围集水果生产、贸易、零售全产业链为一体，2020 年营收达到 120 亿元，规模在国内水果连锁零售品牌中排名第一。

6.3　良品铺子基于数据资产的中台战略

2020 年 2 月 24 日，被誉为"远程上市第一股"的良品铺子正式登陆 A 股，通过视频模拟现场鸣锣，创始人杨红春迎来了人生的高光时刻。谁也没想到，这家正在大力推动数字化变革的零食品牌，会用从未有过的数字化方式 IPO（首次公开募股）。在招股说明书上，良品铺子把自己定位成"通过'数字化技术'融合'供应链管理'和'全渠道销售体系'开展高品质休闲食品业务的品牌运营企业"。换句话说，在大多数传统企业都在为数字化转型而费尽心机的时候，良品铺子实际上已经完成了"数字化机芯"的改造，并形成了以数据资产为核心，线上线下无障碍联动，实现了用户全天候、全域营销的模式。

6.3.1　建立私域流量池

对私域流量的把握，是良品铺子走向上市的第一步。传统的零售做法是"货、场、人"，先有了产品，再找到产地，最后才认识消费者。而良品铺子最初的做法就与此不同，创始人杨红春一开始就是用户思维，"他带着团队蹲在商圈，整整调研了两个月，洞悉消费者最爱吃的品种和口味"。当 OEM（代工生产）兴起满足了"货"的需求，电商兴起满足了"场"的需求，在这样的时代背景下良品铺子就顺势成了赢家。在 2012 年众多零售商家还在考虑要不要开拓电商渠道时，良品铺子已经倾注其中，并趁着 2013 年的电商流量红利爆发式增长。但随着流量越来越贵，杨红春开始考虑对数据私有化的掌控，这也成为如今良品铺子"控人"的核心关键。

（1）流量越来越贵则要求企业必须积极进行数据私有化。

当前，流量越来越贵体现在两个方面：一是为了在线上争夺市场份额，零食零售商普遍需要降低自己的毛利率，以低价冲击市场——互联网打破了商家与用户的隔阂，也打破了商家与商家之间的隔阂。良品铺子和另外两家主要通过直营渠道销售产品的"盐津铺子""来伊份"相似，线下直营渠道的毛利率都在 50% 左右。但同样的产品一旦到了线上，线上销售的毛利率仅为 25%～30%，且这一数值和"好想你""三只松鼠"的毛利率相近，"产品在线上只能便宜卖"已是行业常态。二是流量掌握在第三方电商平台手里，要想让自己的产品得到曝光，就必须给它们支付费用。2019 年 1—6 月，良品铺子的电商平台推广费用占电商收入的比例约为 5%。花了钱还要便宜卖，并且多数流量在成交后就再无音信，商家们迫切需要有自己的私域流量池。2016—2019年 6 月良品销售的推广费用如表 6-1 所示。

表 6-1　2016—2019 年 6 月良品铺子的推广费用

模式	店铺	2019 年 1—6 月		2018 年度		2017 年度		2016 年度	
		推广费用（万元）	占比（%）	推广费用（万元）	占比（%）	推广费用（万元）	占比（%）	推广费用（万元）	占比（%）
B2C	天猫旗舰店	4 310.44	54.16	7 194.44	63.47	6 335.81	75.84	4 814.47	78.28
	京东旗舰店	1 020.23	12.82	1 140.94	10.06	541.27	6.48	338.66	5.51
B2B	京东自营店	1 495.78	18.79	1 114.76	9.83	585.24	7.00	232.32	3.78
	天猫超市自营	292.93	3.68	228.89	2.02	583.22	6.98	4.72	0.08
其他		839.38	10.55	1 656.87	14.62	308.94	3.70	759.60	12.35
合计		7 958.76	100.00	11 335.90	100.00	8 354.48	100.00	6 149.77	100.00

资料来源：良品铺子招股说明书

（2）良品铺子私有流量规模巨大。

由于注重线上线下均衡发展，良品铺子很早就具备了私域流量的基础：在电商平台（淘宝、京东等）与O2O平台（美团、饿了么等）之外，良品铺子的全渠道体系还有2 237家智慧门店、社交平台、自营App等线上及线下渠道。良品铺子现有微博粉丝138万名，公众号预估活跃粉丝约160万名，并开始自营小红书官方账号，力图"不断接近终端"。但更为关键的是，所有的流量数据都将汇总到良品App这一私域流量池载体之中，整理并打通为一体。良品铺子统一了29个渠道的会员数据和权益管理，良品App已经实现了全渠道的会员通、订单通、商品通。截至目前，其全渠道会员突破8 000万，覆盖2 000多家线下门店、天猫旗舰店、微信小程序、自营App等50多个渠道。在实现消费者洞察之外，这一私域流量池还可反复触达，支持与消费者的充分互动，还为消费者提供了秒杀、看剧购货、拼团免单等互联网新玩法。

可以看出，这一切的核心正是对"人"的把控。例如，一名消费者在微博或微信公众号上看了什么，又在淘宝或App上购买过哪些产品，曾去过哪家门店……当把他的个人属性、购买兴趣、记录、位置、频率等数据合并在一起后，这样的用户画像才称得上精准，并可据此定制千人千面的营销策略。但在以往，各渠道的人、货、场数据都是割裂的，难以分辨并统一关联。这种全渠道流量的联通要得益于数据中台强大的数据处理和业务分发能力。

6.3.2　打造数字中台强大的数据处理和业务分发能力

数字中台对两件事情的影响是最直观的，其一是分析决策，其二是运营效率。在分析决策上，虽然多数企业都对用户有一定的数据认知，比如性别、年龄、消费记录等，但由于国内的数据生态林立着一座座巨头的围墙花园，这导致做最基本的归因分析都困难重重。打个比方，你在微博上看到你喜欢的明星代言了某款产品，又在小红书上看了一圈其他用户对这款产品的种草评价，最终决定登录淘宝下单。也许我们能将你的这笔订单归因为某明星的影响力和小红书的博主好评，从而决定在这两件事情上投入更多的广告预算。但由于微博、小红书、淘宝的数据不能互通，对商家而言，它只知道你是淘宝上一个莫名其妙新出现的消费者。而数字中台则能够在数据质量上实现互通。正如良品铺子高级副总裁赵刚曾说："我们一度认为自己对消费者的喜好有足够的了解，其实还远远不够……消费者的购买行为也发生在我们覆盖不到的更广泛的场所，仅看自有数据很容易做出轻率的结论。所以当私域数据跟阿里数据应用平台的全网数据放在一起比对后，就得到了很多出乎意料的新发现。"

（1）数字中台所构建的大数据和人工智能系统有助于感知用户。

良品铺子高级副总裁赵刚说："良品铺子为用户设置了200多个标签画像，在这个标签结构体系里，我们甚至希望把情感语言带进去，测算用户的情绪，从而进一步地感知用户。而要实现这个效果，就必须仰仗于数字中台所构建的大数据和人工智能系统。"

（2）数字中台能够显著提升运营效率。

中台系统实现了良品铺子全渠道订单、库存、会员信息、促销活动、商品配置等方面的统一管理，有利于企业资源的高效协同利用，实现全渠道的运营能力支撑。目前，良品铺子订单系统可支持线上单日交易超过200万笔、线下单日交易超过100万笔，物流系统可支持单日发货包裹超过60万个，会员系统支持数千万会员的积分、储值等信息，为全渠道运营提供了有力的支持。此外，良品铺子基于经营活动中积累的会员、产品、门店、供应商等方面的大量数据，在商品补货、门店选址、精准营销、品类管理等方面进行持续的数字化应用探索，有效地改善了运营效率和运营质量。得益于对消费者的精准洞察，对市场变化的快速反应，对内部管理的高效运营，数字中台让良品铺子具有超乎常规的敏捷。

6.3.3 全域营销，打通线上线下多场景

在通过数字中台的强大驱动，实现对人的"把控"之后，良品铺子针对企业经营场景进行技术布控，从而进一步实现创始人杨红春所说的目标的"控场"。

1+1 > 2。在"控人""控场"所构成的全域之中，全域本身就是第三份力量。从单个互联网生态来看，另一个零食巨头"三只松鼠"约 90% 的营业收入都来自于线上，高度依赖于第三方电商平台。不同的是，根据招股书，良品铺子约 54% 的营业收入来自线下门店，45% 的营业收入来自线上，均衡发展。虽然"三只松鼠"的营收稳居行业第一，但其公众号活跃粉丝数并不耀眼，从阅读数分析预估仅 40 万名，而良品铺子公众号的活跃粉丝数预估有 160 万名，几乎是前者的 4 倍。也许，这正是由于"三只松鼠"对微信生态不太看重。

相反，良品铺子的在线营收非常多元，有不少来自于 App、小程序构成的涵盖门店流量的私域电商。并且，在多个场景之中，良品铺子内部并不是分头作战的"烟囱式"运营，其优势恰恰来自于"融合"的力量——这股力量将打开更广阔的未来，比如新的品类、新的场景。在品类上，一些零食有比较强烈的时效限制，如果不到店自取，或者周边没有新零售门店或仓储中心覆盖，那么用户根本买不到，如面包、蛋糕、雪糕、咖啡、现制肉类等食品。这些品类恰恰是拥有 2 000 余家门店的良品铺子可以去研发、开展，并区别于电商零食品牌的独有优势。而相对于其他以线下门店为主的零食品牌

而言，它们又难以具备良品铺子这样的流量与数字化能力，从而在门店周边高效地进行线上获客、流量转化、持续运营、提升复购率。一个例子是，从2018年开始，杨红春亲自带队研发一种全新的店型，内部称之为"五代店"，以白色、深蓝色、红色为主色调，风格简约、时尚、专业，淡化商业感，致力于营造沉浸式的体验，犹如一座"零食图书馆"。报道显示，五代店可承载"会员社交"的功能。五代店每个周末都会针对会员举办插花、手工制作等沙龙活动，会员可通过线上的消费积分兑换活动参与权。同时，五代店除了出售常规的休闲零食，还出售各种面包、比萨、新鲜水果、鲜榨果汁、现磨咖啡等新鲜现制的零食或简餐，并可实现用户线上下单，门店就近配送。

在门店和电商之外，是否还有别的场景？比如社交生态。良品铺子还建立微信社群用以覆盖门店周边的小区，进一步探索如何用社区团购满足更多用户的需求。良品铺子时任副总裁赵刚表示，"目前来自门店的线上订单量占80%"。又比如线下的智能零售柜。虽然智能零售柜听起来是一个曾经出现过，如今已经"凉"了的风口，但5G以及更成熟、更便宜的物联网应用是值得期待的，而针对以往补货不及时、配送成本高昂的问题，也有人提出了类似将实体门店作为区域"恒星"，管理周边的货柜"卫星"的新零售解决方案。在这些新的品类和场景中，我们能零星地看见良品铺子在不断尝试与研发投入，比如生鲜配送、新零售门店等，其虽然未必能100%成功，但100%值得期待。

6.3.4　重构供应链系统，实现产销闭环

良品铺子建立了这么多高效的互联，目的就在于让产品更直接地触达用户。良品铺子的招股说明书中有一个数据：良品铺子的存货周转天数（企业从取得存货开始，至消耗、销售为止所经历的天数）和"三只松鼠""来伊

份"相比都低很多。这意味着良品铺子对市场供需的把握更精确，内部的供应链更为高效与成熟，并且应对不可预知的风险抵抗能力更强。比如面对这场突如其来的疫情，周转天数高也就等同于库存积压多，疫情虽然难以避免，但这种存货压力本是可以避免的。这得益于良品铺子数字一体化的供应链模式。

在采购环节，企业根据终端 POS 系统中产品在不同区域的销售数据进行追踪分析，根据市场行情与消费需求快速调整相应的采购计划。随后，将制订的采购计划上传到 EC 系统中，同时在满足工厂最低生产量和保证销售的安全库存前提下，尽可能地将每笔订单拆解来保证产品的新鲜度，做到采购及时、生产过程 0 库存。

在销售环节，公司实行财务业务一体化，通过共同的信息化系统对产品、顾客、城市、门店的数据进行精细化记录和考核，实时掌握供销存情况，从而可以为线上线下门店制订每周每月精确的销售计划，实现在门店下订单之前就已经将货物发出，加快产品周转，降低库存。

在仓储物流环节，公司通过将 EWM 物流系统与各渠道的销售系统进行全面联通，实现了在接受订单后，在最近仓库以最优方式进行订单物流交付的功能，并且 EWM 系统与各物流承运商系统进行了数据共享，从而使公司能实时监控每个订单当前的状态并对订单进行时效和异常管控。

很多人说良品铺子研发投入低，事实上那只是财务报表意义上的产品研发，良品铺子在一年时间内收集全网顾客反馈信息 2 000 万条，从 900 万条中挖掘了 14.5 万个问题，并为此做了 7 个用户体验的整治专项，包括 10 个单品的口味优化、15 个单品的包装调整。在 10 个单品的口味优化里，改完之后有 80% 的单品销售实现了正增长，平均单品销售量增长超过 140%，仅带来的销售额增量就达 3 000 万元。

　　良品铺子形成了"人、货、场"的生态闭环。在保障品质之余，产品如何进一步满足用户的需求？这也许是传统企业都需要重新思考的问题。"这是一个长期战略，从高端零食到具象价值的塑造，要把这个印象不断强化"。在杨红春看来，不同人群在不同时间段、不同时节、不同身体状况，对吃的需求不一样。面对这些变化，必须有掌控用户消费需求的能力。这实质上是"人、货、场"的生态闭环，如图6-2所示。

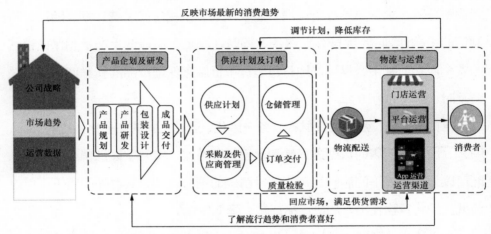

图6-2　良品铺子的"人、货、场"生态闭环

资料来源：良品铺子招股书

　　从2006年武汉广场的一家小小零食店，到2020年全年营业收入78.94亿元，再到2021年上半年业绩同比增长22.45%，达到44.21亿元，这是属于传统小企业的数字化增长"神话"。从这个神话里，你能够看到一个传统企业的进取和成长方向。有个故事是讲，杨红春曾经想通过核桃作为爆款，实现突破发展。但是，从前文可以看到，故事最硬核的部分却是杨红春不断拥抱趋势，不断从用户视角思考问题，最终成就今天的事业。

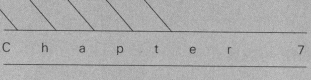

Chapter 7

第 7 章

茵曼、尚品宅配基于数字化的品牌 IP 和内容营销

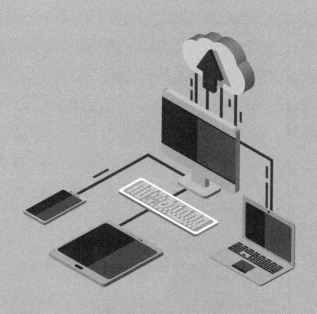

品牌化是工业化时代的产物，品牌 IP 则是互联网时代的新生产物。为更好地与用户产生价值认同和文化认同为核心，基于品牌 IP 的内容营销已经成为大势所趋，茵曼、尚品宅配等无疑是深谙其中奥妙的新兴企业。

7.1 品牌 IP 与内容营销

7.1.1 品牌 IP 与内容营销具有独特的价值

（1）品牌 IP 与内容营销能够让产品价值可触摸。

人们常常有个认识误区，以为一个人认可一件事是理性思维在主导，其实大部分时候人都是在非理性决策。品牌 IP 和内容营销通过内容编织的故事、刻画的人物，把你拖入一个情境世界里，让你短暂地"共情"，相信这个世界里发生的事，让品牌的产品价值可视化、可触摸，唤醒了用户的非理性决策。

（2）品牌 IP 和内容已经成为无限增长的流量入口。

在互联网的快速发展下，绝大多数互联网应用都进行了内容改造，淘宝最早开始内容改造，增加了"有好货""每日好店""淘宝二楼"等内容入口，此后更是开通了直播和直播带货等。淘宝、大众点评、携程等消费平台，积极拥抱内容的原因在于：单纯的工具平台是有流量天花板的，用户如果只是来平台上消费，那么无论是用户规模、停留时间还是消费频次，都会遭遇瓶颈。而丰富的内容则会吸引更多的用户更多频次地登录和停留更多的时间，并且一个个真实的消费故事能够起到很好的信任背书，可以大大唤醒其他用户的购物欲望。可以看出，品牌 IP 和内容营销是一种很高的流量入口。

（3）品牌 IP 和内容营销是产品消费的核心动因。

在用户可选择的产品和服务越来越多的情况下，良好的品牌 IP 和内容创意都是对产品的一次内容赋能，能更好地让内容驱动消费。

（4）品牌 IP 和内容具有较强的竞争壁垒。

品牌 IP 和内容作为创意性很强的非标准化产品和服务，要求具备很强的创意能力，而这种能力是靠多年来一点点渗透内容产业、不断完善团队架构、不断进行试错所堆叠出来的竞争壁垒，这是很难靠资本等力量堆砌的。

7.1.2　打造品牌 IP 与内容营销的方法论

（1）与品牌强关联的身份。

一是要明确品牌 IP 是谁。对于品牌，IP 必须要能做真实的生命体，需要赋予其一个能与人沟通的身份及一个与品牌关联的诞生环境、生活或工作场景。

（2）打造鲜明人设。

个性在很大程度上决定着 IP 如何"圈粉"，很多 IP 都是依靠其突出的个性收获大批粉丝的。鲜明的个性特色、价值主张会让 IP 更受群体的喜爱。IP 形象通常带有拟人化的情绪来凸显角色的性格。例如 51Talk 的 Max，它的性格是鬼马机智、好动贪玩、有惰性、表达欲旺盛。

（3）符合个性的拟人化形象。

当 IP 内核已经成型之后，需要通过拟人化形象为体现角色内核增光添彩，细节决定识别度。比如备受互联网喜欢的多肉葡萄，就拥有了"葡萄女郎"这一立体且摩登的形象，让多肉葡萄的产品个性更加视觉化，消费者对于多肉葡萄的认知也更加深刻。拟人化形象是将不容易被记住的产品，换一种符号或者增加一个不同于其他产品的标签，以突出产品的差异性，从而让消费者更容易记住品牌和产品。品牌 IP 化的设定，对于品牌而言，相当于增加了内容营销的切入点，品牌可以围绕 IP 进行内容、话题的生产，可以摆脱常规营销节点。

（4）让品牌 IP 自己书写故事。

一是延续生命力，不局限于产品特性。品牌 IP 具备产品属性的裂变能力，不局限于自身，可不断拓宽产品的边际，在新的领域为品牌带来增量。例如，多肉葡萄就具有周边衍生能力，除了如何制作多肉葡萄之外，还有围绕多肉葡萄的美妆周边，比如多肉葡萄发色、多肉葡萄美甲和多肉葡萄妆等。可以看出，多肉葡萄的生命力已经不再局限于一杯奶茶。二是渗透不同场景，以产品唤醒品牌。品牌 IP 自身具有强大的社交属性，不再局限于自身的话题度，还可以跨界联名。比如美的葡萄紫多功能电煮锅、美宝莲葡萄紫系列彩妆，以及和九阳联名的小家电多肉葡萄榨汁机等。

（5）选择适合 IP 打造的品牌。

一是选择生命周期长，或者是粉丝多的。一般选择大众接受度普遍都高的，且消费者广泛接触的，有一定认知度的产品。二是选择颜值高，出生自带社交属性的。这与年轻用户注重颜值经济有关，颜值高的更具备可买性，容易吸引年轻人主动进行社交分享。三是要赋予产品性格，有人格化的运营。品牌 IP 除了高度注重颜值设计之外，还要传达出品牌态度或者价值观。这样才能在靠外表完成一次性触达后，依旧可以获得消费者青睐和关注。需要赋予产品一种既延续了品牌价值理念，又能在此基础上孵化产品独有的"品格"或者个性。

7.1.3　打造品牌 IP 和进行内容营销的具体策略

（1）需要明白品牌 IP 的本质是内容。

一是人见人爱的 IP 形象容易打造，但是要想通过品牌 IP 这个形象俘获人心，就需要大量高质量的内容。二是品牌 IP 中的 IP 只是发声渠道，最终的落点是品牌，需要人记住的是通过 IP 传达的品牌价值观和内容，IP 是服务于品牌的。

（2）选定内容赛道，持续投资。

企业在做内容营销时，要选择和专注于某一个内容领域，并在这个领域不断精耕，成为这个领域的头部。内容赛道选定的本质是为内容营销做定位，需要外延到和企业产品相关的某个内容领域上，但同时又不能无限外延。

（3）创造极致内容。

互联网时代下，内容产业的"二八法则"更为明显，这就需要企业永葆创新心，创造极致内容，成为某一领域的爆款内容创造器。

（4）降低生产门槛，标准化创意工艺。

企业需要可持续的内容创造和内容创新，这需要内容产出"标准化""可复制"。一方面要打造性价比合适的内容营销模式，而不是一味地大投入；另一方面，要拆解内容营销的生产环节，让生产模式可复制。例如，情感类头部大号"新世相"在分享他们的经验时，把制造流行的能力按重要性进行排序，分别是预判力、执行力和创意能力。他们总结了 4 种方法来提升制造流行的能力，分别是收集研究成功案例、建立高频词库、善用互联网工具、保持高密度的创意和执行。

（5）让内容沉淀为 IP 资产。

企业在做内容营销时，要想办法让内容营销的成果是可积累、可沉淀的，甚至形成一种 IP 化的资产。比如"双十一""淘宝造物节""抖音美好奇妙夜""百事可乐把乐带回家""小米的米粉节""大众点评的霸王餐"等都形成了价值巨大的 IP 资产。

（6）优化用户选择路径，提升转化率。

内容营销一定是为企业盈利服务的，衡量内容营销的标准就是市场增长。

例如，在广告业务上，阿里巴巴和腾讯这两年主要在做的事情就是优化媒介"链路"，打通前端广告和后端生意的数据链条，让平台广告可以直接促成购买，提升转化率。

（7）搭建高效的内容营销队伍。

一是组建职能化的内容营销团队。好的内容营销团队需要架构6个基本面，即社群属性用户、私域流量渠道、运营团队、外部资源库、技术团队、创意团队。二是产品的内容化改造。满足用户的美好生活的核心在于精神层面，而内容是承载人类精神的最佳载体。三是让内容成为组织的基因。企业要做的绝不仅仅是给产品附着一个内容，而是将内容渗透到组织的每个细胞里。

7.2　茵曼基于数字化的品牌 IP 和内容营销

广州服装领域的知名品牌茵曼（即汇美时尚集团旗下品牌，集团旗下还有"初语""生活在左"两个品牌）创立于 2008 年，仅用了 5 年时间，就成为 2013 年天猫"双 11"女装品牌全网销量第一。在阿里巴巴的 IPO 招股书中，茵曼以唯一女装品牌案例入选，成为中国服装业从 ODM（Original Design Manufacturer，原始设计制造商）向品牌转型的实践典型。2015 年，茵曼启动线下战略，同时也是其开展数字化进程，打造日后的数字零售、数据中台和智能制造的标志性时刻。截至 2021 年 8 月，茵曼已经在全国 170 多个城市开设超过 600 家体验店。

7.2.1　创新的认知模式是先导

1999 年，康奈尔大学的克鲁格（Kruger）和大卫·邓宁（David Dunning）通过心理学实验发现，人对一项技能越是无知，就越是无法察觉自己的无知以及对此的需求，反之亦然。这被称为达克效应（D-K effect）。但在营销数字化领域沿用这个理论会得出一个有趣的说法：当你不了解数字化，潜意识会让你认为自己不需要它。

虽然数字化转型已是一件无数专家共同推崇的事情，但在数字化转型实践中，必须匹配相应的思维方式、行业特点，甚至是企业内部的管理变革，才能使其最终落地生花。而有些认知模式领先的真正掌握数字化力量的决策者，往往都是十分接地气、有一线产品营销经验、遇到新鲜事物乐于躬身入局的人。他们共有的显著优点是，清楚地知道自己的认知边界，并不断打破自我边界。即使在个人情感层面十分反感短视频，他也依然会在虚心学习、小心求证、大胆授权、快速试错等一系列操作之后，从零培养出自己的短视频团队，在抖音、B 站这样的平台上收割内容红利。在这些人面前，没有年龄、性别、环境等因素带来的认知鸿沟，他们比"00 后"更懂 B 站、比女性更懂美妆、比粉丝更懂网红等。

茵曼就在这方面体现得淋漓尽致。茵曼创立以来，可圈可点的营销战役不断，多次教科书般地踩在了各个"风口"之上。一是率先开展私域流量玩法。据汇美时尚集团（茵曼）副总裁曲晶介绍，在开设门店之初，茵曼就意识到了微信公众号、个人号可以有效地融合线下生态，于是积极地添加用户微信，极早地建立了私域流量池的雏形。随着小程序、企业微信等工具的推出，茵曼也顺着腾讯的步伐进行升级迭代，一切都顺理成章且自然而然。二是率先布局短视频。茵曼早在抖音、小红书火起来之前就注意到了这些新兴的媒体平台，并进行深入了解与尝试。茵曼甚至培养出了自己的百万级网红"90 麻麻"。值得一提的是，如完美日记、花西子等新兴"网红"品牌，其实也投放过茵曼账号的广告合作。当部分人觉得老一辈品牌早就过气，认定未来是属于"后浪"们的时候，殊不知茵曼正悄悄地把后浪的钱赚走了。三

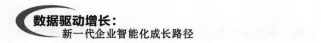

是启动直播带货。其创始人方建华亲自下场，2小时带货125万元。

7.2.2　茵曼的数字化方法论

茵曼数字化的基本方法并不神秘，简单来说就是一句话：高层亲自下地走两步。其实在面对新事物、新浪潮的初期，茵曼管理层也是纷纷表示"看不懂"。看多了成功企业的报道总会给人一种错觉，这个商业世界是不是有一批天赋异禀的人，在别人被时代浪潮冲击得七零八落时，他们却能在浪潮上冲浪。实际上，根据很多商业经营者的自传和采访，面对时代的迅猛发展，根本就没有人不曾茫然。而部分人的优秀战绩，往往来自他们能自发地打碎、重建认知，从而迅速地适应新变化。

（1）当茵曼不懂直播带货时。茵曼CEO、CMO轮番上阵，亲自走进直播间和用户对话，和团队共同复盘，一起研究用怎样的话术、神态、布景，才能准确传达"以舒服为本，为舒心而生"这一品牌理念。汇美时尚集团（茵曼）副总裁曲晶说，"我自己当主播，做了3小时，真的能体会到跟粉丝的那种互动，感受到他们想要什么。比如很突出的一点是，不同品牌的直播间里，粉丝的诉求点显然不一样。茵曼的定位是棉麻生活家，粉丝关心的就是穿着舒不舒适、怎么穿搭、有什么优惠。而生活在左（同在汇美时尚集团旗下的高端手作品牌）的粉丝，想知道的是衣服后面的故事。比如这数千元一件的裙子上面的'蝶戏牡丹'是怎么回事？和刘禹锡那句'唯有牡丹真国色，花开时节动京城'有怎样的联系？另一件裙子，为什么选择了'百鸟朝凤'这一主题，其手工艺是怎么传承下来的，等等。他们看重这些，反而对价格有没有优惠不太关心。"

（2）当茵曼看不懂抖音网红时。茵曼立刻招募人手并组成数个内容小团队，每个团队约由1名模特、1名编辑、1名设计师、1名商务策划组成，自行开号并运作，力图成为网红主播。这些团队在几个月后，多数都能实现自负盈亏，自给自足，其中甚至诞生了百万粉丝大号。

（3）当茵曼不知大数据为何物时。茵曼秉持开放和谦虚的心态，和某知名管理学院展开战略合作，从零开始梳理各项数据价值，经过一段时间的迭代与进步，如今已经建立了属于茵曼自己的数据决策体系。比如茵曼可以根据门店的经纬度、气候情况、周边人流等数据，智能决定上哪些货、怎么摆、何时换。这一自有的数据体系除了"软件"之外，也少不了"硬件"布局。对此，茵曼提到了两个主要作用。一是显著提升工作效率，以往一家门店需要花3小时才能完成的货品清点、入库、整理，如今30秒就可以做完。二是建立更真实的数据来源，比如通过采取 RFID 技术（射频识别），茵曼可以准确获知每一件货品被试穿了多少次，以及试穿后被购买的概率。"试穿率"有助于产品部门找出最受用户欢迎的产品设计，而"试穿率"高但"试后购买率"较低的产品，往往有一些用户不太满意的具体细节，比如袖子紧了、腰线宽了等，此时通过店员进一步的问询，往往能迅速找出问题并加以解决，从而显著提升效益。传统的决策方式往往是"自上而下"的拍脑袋式决策，而茵曼如今可以实现由店铺数据"自下而上"的反向决策。

7.2.3 茵曼的"棉麻生活空间"品牌新征程

茵曼的发展过程也不是一帆风顺的，经历过两次明显的周期转折。一是最早做了10年 ODM，2007年外贸遭遇全球经济危机，形势非常艰难，所以2008年茵曼开始做自己的品牌。二是在2015年，茵曼感觉到电商增速放缓，线上流量红利时代已过，于是从线上走到线下，启动"千城万店"战略。2019年，茵曼已有600家线下店，1—10月茵曼线下销售额增长22%，且除少数门店外，都处于盈利状态。

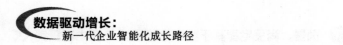

（1）茵曼提出"棉麻生活空间"的大背景。

根据汇美时尚集团董事长、茵曼创始人兼 CEO 方建华的演讲，这一方案提出的背景基于三个方面。一是高性价比消费时代来临。中产阶层崇尚的消费理念从高端奢侈消费转向高性价比大众消费，服装消费将走向简洁化、本土化，高性价比品牌成为主流。二是借鉴 SPA 自主品牌专业零售模式（Speciality Retailer of Private Label Apparel，SPA）提升效能。在 SPA 模式下，企业从商品策划、生产到零售实行一体化控制，可有效地将顾客和生产联系起来，高效感知和满足消费者需求，并通过对工厂、供应链的整合和管理，实现对市场快速反应。对于从电商平台上成长起来的茵曼，提升效能是贯穿品牌成长各个时期的重中之重。三是基于"棉麻"基因跨品类经营。茵曼延续以"棉麻"为基因的理念，进行跨品类经营，并进入家庭，开拓"棉麻美好生活"消费的大市场。

（2）茵曼探索出"平台门店"模式。

茵曼经过 4 年多的线下摸索，糅合 SPA 模式和特许加盟模式的各自优势，通过数字化技术打通其中的闭塞环节，形成了一套符合自身发展节奏的"平台门店"模式。具体可以总结为五个统一。一是统一品牌。以茵曼品牌进行门店标准化管理，包括门店装修风格、货架展示、商品陈列、员工管理、客户服务等，形成统一的对外品牌形象。二是统一商品管理。三是统一供应链。四是统一门店数字化系统。五是统一终端门店培训。

7.2.4　茵曼亮点频频的内容营销

茵曼极为擅长内容营销，利用各种手段策划出了诸多极富创意的新内容和新形式，并借助各类渠道进行传播。

（1）拍摄微电影。

在 2012 年七夕前夕，茵曼正式推出自编自导的微电影《四年，是一种病》，在微博和各大视频网站上映，这是专门为七夕节打造的草根爱情微电影。同时，茵曼官方微博向茵曼粉丝团同步首发。以期通过创意形式全方位推广茵曼一如既往的棉麻生活方式。此外，茵曼微电影团队还推出了原创微电影系列之《在天台》《幸福方程式》等。

（2）"放鸽子"营销活动。

2013 年 10 月 10 日，茵曼在官方微博发布了一份声明，称"今年'双 11'我们决定放鸽子"。除此之外，并没有表明是什么原因导致其放鸽子。之后又发布了"对不起"版微博，微博中提到"对不起，卖女装可以，放鸽子是必须的；对不起，放鸽子实属无奈，但请体谅我们的决定"。此前，茵曼连续多年位居天猫销量前列，提前宣布缺席，引发大家的种种猜想。茵曼还在微博上发起了"茵曼放鸽子"的话题，用两天的时间吸引了 30 多万用户参与关注品牌。2013 年 10 月 12 日，距离茵曼发布"双 11"要"放鸽子"的声明仅两天，茵曼在此前的"对不起"版微博之后，又在微博上发表"抱歉体"，称"抱歉，在放鸽子上再放了一次鸽子，放鸽子也许是一次爽约，也许是一次放飞梦想，也许只是一款游戏"。茵曼 CEO 方建华转发了该条微博，并表态"双 11"会回馈消费者。于是，谜底终于揭晓，"放鸽子"只不过是天猫"双 11"茵曼品牌馆预热期的一款同名的游戏活动。"放鸽子"游戏给茵曼的品牌营销带来很大影响。对比 2012 年，其 2013 年"双 11"总的 UV（Unique Visitor，独立访客）引入量比 2012 年增长多一倍。

（3）时尚明星跨界联名。

茵曼品牌在早期的营销中，非常重视与跨界明星的合作，比如和《女神的新衣》联合推出明星同款设计系列产品，并在 2014 年与心灵治疗作家素黑合作"爱自己"服饰系列。这样的思路也延续了新品牌的开发。比如，汇美旗下"生活在左"的 IP 就是品牌的创始人——林栖老师。林栖老师是非遗文化的大使，也是中国十佳设计师，深受中国优秀传统文化的熏陶。这样的组合安排不仅有利于"生活在左"打造高端品牌形象，而且有利于用户之间的沟通，激励很多粉丝致力成为"更好的自己"，将品牌的影响力植入粉丝内心。曲晶透露，"生活在左"2019年2月开始做私域，3年时间内沉淀了7万的精准粉丝，销售额达2000万元，目前的粉丝团已经达到了百万量级。

（4）试水娱乐营销。

2012年11月1号，天猫原创女装品牌茵曼的电视广告大片《棉麻艺术家》正式登陆江苏卫视，并在黄金档《幸福剧场》第二集前播出。2013年11月7日，裂帛、茵曼、Artka阿卡3家品牌耗资逾1000万元，包下东方卫视全日广告，直指"双11"。2014年，与电影《同桌的你》合作，并携手时尚真人秀节目《女神的新衣》。

在茵曼创始人方建华看来："今后一系列的营销活动拼的是整合资源的能力，玩的是跨界、互动，让顾客在玩的过程中自然接受品牌。"

（5）茵曼的粉丝经济新玩法。

作为互联网品牌中最早一批开启线上线下全渠道战略的茵曼，自2015年起便正式启动了线上线下一体化营销战略，即"茵曼＋千城万店"模式。茵曼创始人方建华说，"线下店可以为用户提供更好的体验，但和传统的零售不同，新零售是粉丝经济、社群经济，我们想做第一个吃螃蟹的人。"因此，茵曼通过"粉丝经营""生活场景化营造"及"创新媒体方式营销渗透"3个方面，来强化品牌在用户心中的需求黏性。

7.3　茵曼基于先进数字化能力的直播带货

7.3.1　茵曼的数字化能力先进

茵曼高度重视数字化，基于平台门店模式，茵曼用"数字零售＋数据中台＋智能制造"（Digital Retailing & Data Middle-End & Intelligent Manufacturing，DDI）的产业互联网逻辑，通过工厂端、品牌端和零售端的协同，打开企业边界，形成了一个品牌生态。整体来说，用数字化技术解决了"人、货、场"管理的效率问题，数据中台和产品后端能够对前台门店形成强支撑，如图7-1和图7-2所示。

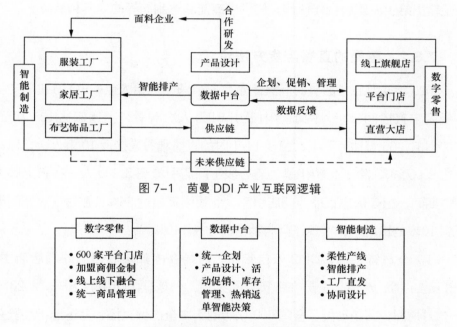

图 7-1 茵曼 DDI 产业互联网逻辑

图 7-2 茵曼的数字零售、数据中台和智能制造

（1）在数字零售方面。茵曼通过电商和600家平台门店实现线上、线下"两条腿"走路，并通过加盟商佣金制实现了品牌、商品和供应链的统一管理，以此建立与用户需求之间的灵敏反馈机制。接下来，茵曼将基于棉麻基因，推进家庭生活场景化的布艺产品跨品类经营，打造棉麻生活空间。

（2）在数据中台方面。茵曼通过自主研发数据中台，实现面料研发、新品设计、产品企划、库存管理、活动促销、返单补货等流程智能决策，建立了"用户需求—产品设计—柔性制造—仓储物流—线上线下零售—用户需求迭代"的闭环。

（3）在智能制造方面。2018年，茵曼在江西于都投资建设了14万平方米的智能制造产业基地，引进全球顶尖的生产设备设施，打通了智能制造与数据中台、数字零售之间的数据连接。同时，茵曼可以将智能工厂端的实践经验输出给上游工厂合作伙伴，使供应商能够达到同等的效率和品质。

7.3.2　茵曼的直播带货方法论

2020年4月底，汇美时尚集团董事长、茵曼创始人兼CEO方建华亲临茵曼淘宝直播间带货，两小时内吸引54万人次观看，销售额达125万元。在广州市"66直播节"上，茵曼14小时的直播观看量接近10万人次，评论数达2.1万条，除了高转化率，还为线下门店引流超3000人。在新冠肺炎疫情期间，茵曼依靠直播为门店引流，业绩恢复超过85%，在线下店开门率不到10%的情况下，实现了门店销售额增长140%。

（1）全员皆主播，CEO亲自带货。茵曼在内部培养自己的门店店主、CEO当主播，形成"全员齐带货"的氛围。一是全国店主齐上阵。2020年2—3月期间，茵曼动员了全国600家店的店主全部做直播，并迅速把经验复制到全国各地门店。其中，茵曼商丘梁园区中环广场店直播1小时，销售业绩破万。二是CEO亲自带货。茵曼品牌创始人方建华亲自走进直播间和用户对话，发放清空购物车、大牌口红、百万补贴等"宠粉"福利。许多粉丝纷纷刷弹幕和留言，喊话说"再来一波"。

（2）强关系私域激活，大流量公域曝光。茵曼早在淘宝、微信、抖音等平台上打造出了1000多万粉丝的流量池，从公域和私域两个管道为直播进行引流，引爆直播。在私域中，茵曼的玩法主要有两种。一是导购个人号、社群、小程序、公众号四大私域全渠道引流。茵曼通过 600 家店的店主私人朋友圈、社群进行营销，每天推出特定的商品，对直播进行引流。直播中，一边直播，一边输出视频素材，把这些视频素材在朋友圈和社群里传播，吸引更多粉丝到直播间观看直播或直接到店体验。同时，茵曼在小程序店铺页面、公众号推文、门店海报等私域渠道预告直播，提醒粉丝及时预约或进入直播间观看。二是全员营销 + 社交裂变。从高层到中层到基层的员工，都在推广品牌和服装。此外，茵曼还采取淘宝店铺通知和裂变活动，抖音、微博等平台强露出，粉丝福利组合拳，刺激用户下单等方式促进销售。

（3）采取"直播带品牌"的理念。曲晶介绍，茵曼直播带货的衡量标准是：直播中主播是否将茵曼"以舒服为本，为舒心而生"的理念准确地、深刻地传达给了消费者。具体来说，主播在试播讲解时，就需要考量其话术是否能让消费者隔着屏幕感受到衣服的舒适度，以及衣服穿在身上给人带来的自信气质、从容的生活理念与态度；直播间的布置、摆位是否能让粉丝进入之后，就感受到品牌传达的温馨概念等。整体要求是"在社群中提供有温度的服务，将品牌调性、品牌理念输出给粉丝，以直播方式带出品牌，这是私域直播的独特发展路径"。

当然，由于茵曼小程序直播间的主播大多是茵曼的员工，通过内部培训，他们能够熟知茵曼的品牌特色、设计理念、品牌理念、品牌规划，包括今年品牌企划的主题及历届企划主题等。这也使得"直播带品牌"战略能够真正落地。

7.4　尚品宅配基于内容中台的内容营销

新冠肺炎疫情期间，许多企业选择了转型线上营销，这在网上有大量的成功案例报道，但其基本上均具有高频需求或高互动性两大行业特性。相比之下，低频低互动的家居家装行业受影响很大。一方面，对于动手能力极强的中国人来说，买家具这些事情往往不是那么迫切。至于互动性更是无从谈起，毕竟家里的沙发、餐桌、茶几、椅子、电视柜到底是什么品牌，有谁真正记得呢？另一方面，买家具又不像买衣服一样轻松，有时还需要定制。在各方面因素之下，疫情期间家居消费者根本不急于一时，市场整体供需走向沉寂。但家居家装是一个租金、仓储、人力成本都特别高昂的行业，"免疫力"本就低下。2020 年第一季度，定制家居行业上市公司的业绩表现极差，经亿欧家居测算，平均营收增速为 −29.58%，平均净利润与去年同期相比负增长205.96%（平均值按照去除最大值、最小值求和后计算得出）。但在如此的逆境中，尚品宅配却展现了极其不俗的营销水准，2020 年 2 月 22 日，尚品宅配举办了一场全国性的大型直播，5 小时直播实现了在线观看量超 770万次、成交订单数 1.39 万笔、预计为尚品宅配提前锁定了超过 4 亿元销售业绩的好成绩。据年报披露，尚品宅配通过创新线上营销，全国线下门店联动配合，2020 年 3 月线上获尺（上门量尺设计的意思）同比去年单月最高峰值提升 50%。

7.4.1　规模庞大的私域流量是尚品宅配直播营销成功的基础

如今，许多人将"直播营销"推上神坛。据《北京商报》记者统计，新冠肺炎疫情期间在 45 家上市家居企业中，有 33 家通过线上直播的方式营销，占比超过 73%，但整体效果却远远不如尚品宅配，深层次原因在于不了解尚品宅配的深厚底蕴。根据 2020 年财报，目前尚品自主孵化和签约了 300 多个 IP 家居类达人，打通从视频和直播圈粉、到粉丝互动评论、再到私域粉丝运营、线下变现的全链路。尚品宅配旗下设立了专门管理社交媒体业务的新居网，其 MCN 全网粉丝超 1.8 亿人，其中短视频粉丝约 1.3 亿人，微信粉丝约 2 100 万人。尚品宅配自行孵化达人矩阵 20 多个，签约外部达人 300 余人，旗下达人包括全网粉丝超 4 500 万的"设计师阿爽"、全网粉丝超 1 500 万的"设计帮帮忙"、全网粉丝超 1 200 万的"Wuli 设计姐"等家装达人。

假如把整个 IP 达人矩阵的 1.8 亿名粉丝，以及品牌直接掌握的 2 300 万流量，打包起来交给任何一个企业的市场部，恐怕人人都会说"我上我也行"。如此看来，直播营销似乎只是长期的线上运营里的一个节点，一种变相的"打折大促"——并不是开通直播就能有 1.39 万笔订单，而是其内容能力与流量积累本就不俗。从零开始一步一步打造出的这超乎常规的流量矩阵，才是尚品宅配的实力所在。这不仅仅是指流量变现能创收，且对低频低互动行业而言"精准的新用户"本就至关重要，因此内容的占有率将直接影响市场竞争格局。多数人购买家居产品时，不会直接在淘宝购买，而是先在微博、抖音、小红书等平台上搜索相关信息，比如"家居""装修""室内设计"等，以便找到自己喜欢的风格和品牌。

而内容竞争就是一场悄无声息的针对用户的"文化浸润"。和商业广告不同，人们通常不会认为自己主动搜索、刷屏刷到或是朋友推荐来的内容会和企业营销有关，但事实上人们闲暇时刷抖音、关注自己喜欢的网红的自由，很大程度上也是可被营销操控的自由。以用户搜索为例，据统计，搜索引擎中第一页的点击率高达 90%，而首条的点击率更是达到惊人的 42.1%。这揭示的不仅仅是百度广告的力量，也是控制抖音、快手等媒体平台搜索结果的利益所在——即使这些媒体平台的站内搜索没有完全提供给商家做付费广告。

打开抖音，搜索尚品宅配旗下的网红，如"wuli 设计组""设计好房子""设计帮帮忙"等，你会发现在每位网红的主页中，尚品宅配都会安排好"团购群""粉丝群"的引流设置，将粉丝引导至社交平台进一步地深入互动，达成交易。

当人们只震撼于一场直播创造多少笔订单时，反而容易忽视影响更广泛与更长远的营销动作：一名拥有百万量粉丝的网红，每天有多少人"加她微信"，有多少人咨询设计，此时此刻又收下了多少定金？尚品宅配又是如何一步一步建立这样的内容矩阵？

7.4.2　尚品宅配的内容之道

要看的不是尚品宅配如今拥有什么，而是它曾经是谁、做了什么、有哪些值得参考的行为习惯。其实，尚品宅配的前身是一家技术公司，名为广州圆方软件公司。而让其成为一家家居家装公司的理由其实是有些幽默的。创始人李连柱回忆称，2004 年圆方软件公司在装修软件领域独占鳌头，"我们在全国做市场做得很好，而且在国外也有代理商在卖，欧美市场有 20 个多国家在卖。"但彼时商界对 IT 和数字化的力量并没有清晰的认识，企业的价值感上不来，且软件盗版猖獗，盗版速度超过了产品迭代的速度。气急之下，李连柱和团队商量：既然大家都不懂，不如自己做个范例出来。于是，尚品宅配应运而生。

更有趣的是，曾被软件盗版折磨得苦不堪言的他们，比谁都更深刻地领会到了"免费"的力量，于是一不做二不休，他们率先提出了"免费模式"：免费上门量尺寸、免费设计、免费出电脑效果图……正版都免费了，盗版商总不能倒贴钱来竞争吧？这使得尚品宅配广受用户欢迎。当然，有转化率的同时还要有曝光度，于是技术出身的他们盯上了新媒体。

2014 年，微信刚刚推出公众号，在营销最积极的国际快消品牌都相对保守之时，尚品宅配已经全心全意地投入进去了。在短短一年的时间里，其品牌公众号粉丝量就突破了 1 000 多万，在 2015 年企业自媒体峰会上，其微信品牌估值 53 亿元，排名国内第一。在一次访谈中他们曾提及，彼时公众号后台团队有近百人，且均薪 8 000 元，这意味着每个月光运营所需的人力成本就要 80 多万元。2017 年底，彼时的抖音刚刚被今日头条内部认可，开始投入资源进行推广，而尚品宅配已经开始布局短视频，组建了上百人的内容制作和运营团队。2018 年，尚品宅配短视频的全网粉丝量已突破 1 亿，过百万粉丝量的 IP 账号超过 20 个；同年自孵化的达人 IP 试水直播带货，单场直播的订单量一小时突破 3 000 单。

除了敢想敢做之外，尚品宅配构建内容的逻辑也有颇多可取之处。在进入短视频平台的初期，他们"闭门造车"，自建内容团队自行孵化网红。在对内容、用户、平台有了成熟的理解和运营能力后，他们才开始大规模签约外部网红，既建立了品牌自己的内容体系，又充分地利用资本的力量快速扩张。

7.4.3 具备了内容中台的思维雏形

对于家居短视频，尚品宅配大体上将其区分为装修类、设计类、测评类、搭配类等垂直内容，300 多位网红被内部逐个归类到对应领域之中。而后，各个领域中的网红会开展内容竞赛，更优质的内容与网红，将获得更多的资源扶持。一些企业可能想不通搞这么多内部竞争做什么，其实这恰恰是极其关键的一个细节：事实上尚品宅配把自己当成了一个"内容中台"。我们不妨把 300 位网红当作"前台"，生产内容并直接接触用户的他们，有 3 点需求：推动、营收、赋能。具体一些来说，就是更多的流量曝光、能将流量变现的商品，以及支持他们内容生产的数据信息（比如用户喜好、热点话题、热门元素、近期的成功案例等）。而企业本身则是"后台"。对企业而言，营销预算是有限的，要花钱为谁的内容买更多曝光？产品的利润空间是有限的，要给谁提供让利更多的商品？企业自身并不直接接触网红的粉丝们，如何通过数据洞察 1.4 亿名粉丝的表现？

在前台和后台之间，尚品宅配的运营其实发挥了"内容中台"的作用。通过前文提到的内部竞赛，他们能够筛选出最值得砸钱的内容，帮助优质网红变现，以及汇总所有网红的粉丝数据，进行复盘整理，并通过培训等形式重新赋能"前台"。当然，这里并不是在探讨尚品宅配是否采取了严格意义上的中台 IT 技术，比如给用户建立一个统一 ID 等，而是指在内容生产和运营领域，他们已经展现了中台作为一种思维的价值——打通后台内容底层，为前台而生。

7.4.4　将内容当作战略看待

这不仅仅是告诉大家"把内容做深就很棒"，事实上要如何让"内容"与"增长"相互推动，和企业整体的产品生产、客户服务甚至供应链管理都息息相关。换句话说，如果尚品宅配不能实现 C2M 定制生产，那么其会执行如此多元化的内容策略吗？

不，它大概率只会围绕有限的标准产品去发挥，反复描述产品的材质、服务、性价比、品牌故事有多好，当然这样的内容发挥空间是极度有限的，并且难以和用户形成互动，很容易陷入孤芳自赏的陷阱。正是由于高创意、多品类、多形态的内容，激发了用户对于定制化家居的需求，同时尚品宅配又通过 C2M 生产满足用户，随后又将部分收入用于支持内容策略，才最终形成了一个正向的"内容 + 营销"的双增长循环。

线上往线下引流会遇到一个极其现实的问题：线上的流量遍布五湖四海，线下的门店却服务不了三里之外。当然，在投放数字广告的时候，我们可以通过 LBS(Location Based Service，基于位置的服务) 对流量做一些筛选，但对于在公域平台的内容营销，却难以精准地区分流量地理位置。在社交媒体比如抖音、B 站、小红书等平台，无论是平台对于内容推荐的算法机制，还是用户自发形成的内容传播，实质都是脱离企业控制的，内容创作者只能把视频做好，但不能限定这条视频只给门店周围的用户看。

　　流量不是免费的，当线上营销与实际业务相互割裂时，亏损的可能是实实在在的。做一个极端的假设：假如我只有一家门店，那么即使我的一条爆款视频阅读量高达 10 亿次，我能赚到的上限也无非是一家门店满负荷时的营收。但这份营收远远无法支撑"将流量变现"的成本，比如接待 10 亿流量的客服人员的工资，更别提流量池、数据系统、营销自动化等方面的 IT 投入了。因此，对于尚品宅配的内容营销而言，除了 C2M 生产，线下场景的覆盖面够不够大也很重要。这或许也是尚品宅配广开加盟店的原因。尚品宅配 2021 年上半年财报公开数据显示，截至报告期末，尚品宅配加盟店数量为 2 301 家，其中 1 000 平方米的大店有 82 个，新增加 53 个。公司直营门店及自营城市加盟店数量合计为 361 家 (含正在装修的门店)，较 2020 年年末净增加 38 家。自营城市终端收款约 17.3 亿元，较 2020 年上半年增长 39%，总体营收占比高于加盟店。尚品宅配的内容战略构成如图 7-3 所示。

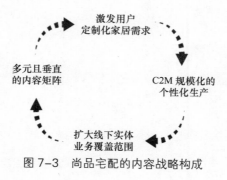

图 7-3　尚品宅配的内容战略构成

拥有企业战略支撑的内容，其实是一个极高的竞争壁垒，不是想到一个好主意、请一位明星代言人、拍一则华美广告视频就能与之抗衡的。近年来营销界每隔一段时间就会兴起一些热门话题，比如当前的直播，过往的小程序等，但许许多多的品牌之所以能"创造风口"，成为耀眼的新营销案例，最深层的原因是其数字化转型发挥了作用。

7.4.5 尚品宅配的主要经验

（1）破除对直播营销的盲目崇拜，先从底层建立与数字营销相适应的产品和服务体系。

（2）建立自己的内容基因，开展新媒体团队的组建及人才选拔，待时机成熟再借助资本的力量，采用寻求第三方机构合作、签约外部网红等方式实现快速扩张。

（3）构造自己的私域流量矩阵，积极推动整体的数字化转型进程（事实上尚品宅配通过数字化实现了大规模的定制化生产，是国内 C2M 的典范，本书主要集中于营销领域的探讨，因此不对 C2M 展开论述）。

（4）不局限于狭义的 IT 建设。其实人人都需要"中台"，尤其对于品牌内容而言。以 MCN 机构为模板，让企业自身直接掌控前端，比闭门造车式的内容生产要更具影响力——与广大的艺术家合作共赢，而不是致力于自己成为艺术家。

第 8 章

屈臣氏、欧莱雅的全渠道数字化运营

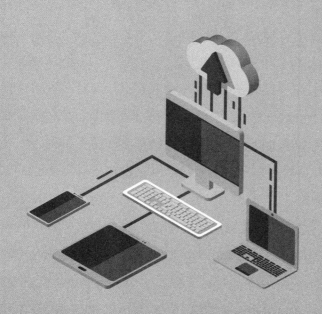

当下，社交平台、电商平台、短视频平台等各类平台高速发展，企业可以有越来越多的渠道与用户连接。借助营销技术，实力较强的企业可以更方便地与用户建立有效的连接，助力自身的数字化转型，屈臣氏、欧莱雅的全渠道数字化运营就是其中的先行者和典范。

8.1 屈臣氏的全渠道数字化运营

新式的彩妆集合店是近期广受资本关注的赛道之一。2020 年 1 月，WOW COLOUR 获得赛曼集团 10 亿元投资；2 月，NOISY Beauty 获得由真格基金领投、复星锐正加注跟投的超千万元 Pre A 轮融资；8 月，THE COLORIST 调色师背后的 KK 集团也宣布获得了 10 亿元的 E 轮融资。而在探照灯之外，老一辈的实体门店似乎正在角落抱膝痛哭。比如现在一搜索屈臣氏，多数点评的逻辑都是其销售额同比下跌 30%（该数据源于 2020 年上半年财报），从而得出屈臣氏"要完"的结论，并将其失败原因总结为：屈臣氏导购太烦人、推自营品牌太过分、门店装修太老套，并称这些原因是拖垮屈臣氏的三驾马车。但在深入研究之后，我们却仿佛看见了另一个屈臣氏：不仅早已走出低谷，而且是一枝疯狂生长中的老树新芽。新式美妆集合店可能并没有表面看起来那么光鲜。创始人出走、扩张速度受限、盈利能力不如预期……这一新赛道不说险象环生，至少也是有待更多证据验证的。

8.1.1 屈臣氏业绩下滑的背后

虽然屈臣氏的财报显示，其 2020 年上半年销售额暴跌了 30%，但考虑整个线下生态都受到了新冠肺炎疫情的影响，这不足以成为屈臣氏在市场竞争中衰落的证据，毕竟整个行业都出现了大幅度下滑。根据相关公开报道，2020 年 1—3 月莎莎国际的销售额同比下降 56.5%；2020 年一季度丝芙兰所在的零售部门销售额大跌 25% 至 202 亿元；悦诗风吟大跌 31%，继 2019 年关闭 40 家门店后，2020 年再关闭了至少 90 家亏损门店；被誉为"一代鞋王"的达芙妮在 2020 年前 6 个月，营业额同比减少 85% 至 2.12 亿港元，宣布彻底退出实体零售。可以看出，无论是老牌零售店还是新式彩妆集合店，大家在新冠肺炎疫情期间的日子都不好过，屈臣氏下跌 30% 的业绩绝对称不上凄凉，客观地说，屈臣氏处于中间偏上水平。

屈臣氏的可比店面销售额在多年下跌之后实现了正增长。可比店面销售额计算至少开业一年的、同一间销售店的、在相同时期下的销售额，从而衡量用户对门店观感的优劣，能够更好地衡量用户的忠诚度。简单来说，这个数据才是真正的用户投的票。数据显示，中国可比店面销售额在 2016 年时为 −10.1%，到 2017 年时收窄为 −4.3%，2018 年则继续收窄至 −1.6%。到了 2019 年，屈臣氏已经实现大象转身，实现单店正增长 2%。而在 2021 年度半年报中，屈臣氏全球销售额为 826.21 亿港元（约合人民币 687.75 亿元），同比上涨 12%，其中国区销售额为 115.99 亿港元（约合人民币 96.55 亿元），同比上涨 32%。值得一提的是，这样的业绩是在受到 2020 年新冠肺炎疫情影响之后，屈臣氏中国同店销售由跌 29.2% 改善至增长 17.8%，亚洲同店销售则由跌 18.5% 收窄至跌 1.1%。

不难看出，在 2016 年时，"自营品牌、热情导购、装修老套等拖垮屈臣氏的三驾马车"确实存在，导致单一门店的销售额年年下跌。但屈臣氏并没有坐以待毙，最终实现了逆转。

8.1.2 屈臣氏改革措施有力、效果明显

早在 2017 年，屈臣氏就针对饱受诟病的"自营品牌、热情导购、装修老套"等问题开始进行改革。

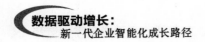

（1）在品牌方面。从 2017 年开始，屈臣氏就不断尝试缩减自有品牌数量，引进更受消费者欢迎的国际大牌、新兴潮牌。同时在管理上，也去掉了考核自有品牌销售占比的"陈规陋习"，只考核整体店铺销售。

（2）在导购方面。在线下一方面不断推行"去 BA 化"，另一方面也为导购提供专业的美妆知识培训，从而使导购在用户有需要时，能提供真正有价值的选品建议。而在线上，不断用数字化"武装"导购，让导购可以借助数据洞察每一位用户的需求，并使其能快速地调用拼团、AR、满减等小程序工具，在保持"不扰民"的低频触达的同时，能精确、高效地完成营销KPI(Key Performance Indicator，关键绩效指标)。

（3）在门店方面。屈臣氏在 2018 年就推出了定位为"Generation Young"的吸引年轻人的第八代门店，还与巴黎欧莱雅和美宝莲纽约合作设计并推出 colorlab 全新彩妆概念店，如图 8-1 所示。公开资料显示，屈臣氏的新店型更加注重用户体验，开辟了专业的皮肤测试区和美妆互动区，同时增加了香水品类。

图 8-1　屈臣氏彩妆概念店

屈臣氏的改革取得了显著效果，在 2019 年时有不少媒体对其进行过公开报道与赞誉，可惜这些成绩随后就被疫情掩盖了。但这其中，其实有一个鲜为人知的"奇迹"。在 2020 年 2—3 月，屈臣氏有超 2 000 家的门店处于关闭状态，即使在这种条件下，屈臣氏 2020 年上半年财报显示，它依然保持了盈利，其 EBITDA（Earnings Before Interest，Taxes，Depreciation and Amortization，税息折旧及摊销前利润）为 8.31 亿港元。

8.1.3　屈臣氏的营销数字化的 4 个阶段

在品牌动作之外，屈臣氏在营销数字化上可圈可点。截至 2020 年 12 月 31 日，屈臣氏在全国 500 多个城市拥有超过 4 115 家门店，活跃会员数量高达 6 500 多万，社交媒体粉丝数量超过 1.6 亿，涵盖了大量 18 ~ 40 岁的城市女性消费者。疫情期间，屈臣氏启动了线上门店策略，官方云店上线 6 个月后 GMV 总额就突破 5 亿元，并创下单日访客数过百万、销售额破 1 500 万元的新纪录。2020 年年底，屈臣氏云店销售 GMV 达到了 10 亿元，2021 年 11 月，这个数字更是达到了 30 亿元！

外人往往只见到品牌表面的耀眼成绩，却很难了解到其背后做过哪些尝试、踩过哪些坑，怎样一步一步建立了一个完整的数字营销体系，以及后续又有怎样的升级策略。屈臣氏怎么做的呢？

（1）简单数字化阶段。根据屈臣氏市场部和数字化生态负责人聂薇的分享，最初，大家虽然都敏锐地察觉到数据是"一座金矿"，但掘金的方式极其原始，就像一群人拿着锤子围着金山，有需要时写串代码凿一下，获取一些金屑，然后人工带走。

（2）大规模引入营销技术阶段。2018 年，也就是屈臣氏大象转身的那段时间，屈臣氏开始试图建立"大规模采矿机"。彼时它认为自己采纳的技术

是 DMP(Data Management Platform，通常以数字广告场景为主)，基于这些技术建立一个 Customer Insight (消费者中心)。

（3）以客户数据为中心阶段。屈臣氏逐步认识到自己在不断建设的数据库更准确的说法是 CDP(Customer Data Platform，以客户数据为中心)。它能将同一用户在线上线下的多维度数据进行关联，从而为营销人员提供丰富的用户信息。他们逐步建立了企业微信、社群、服务号、抖音官方号、支付宝生活号等 10 多个主流用户触点，还在单个平台中对"触点"进行精雕细琢：在微信上，建立了云店、种草社等 7 个小程序，分别具有拼团、裂变、下单、互动、社区等功能，并由"屈晨曦"这一智能 IP 串联起来。这是由于"小程序不能太重，在微信设计之初就定义为一个即用即走的工具"。更重要的是，金矿、采矿机、高速公路等都是一体化建设的，这种"打通"比工具本身更重要。即使只是一名屈臣氏的普通导购，也可以一键查阅其目标用户在线上线下的全域数据，用户属性、买过什么、对什么感兴趣（当然，数据都已经进行过脱敏处理）等，而导购只需一键选择最合适的小程序就能完成营销任务。如今，屈臣氏的企业微信上有约 4 000 万用户，一名导购能够管理的会员数量在 700 ～ 1 500 名。

（4）赋能供应商阶段。屈臣氏在进行自身数字化的同时，还建立了"交易大厅"，赋能供应商，以开放的姿态和上下游展开合作。尤其需要指出的是，屈臣氏内部一度出现 80 多个技术项目同时在运作的场景，也形成了技术人员与营销人员紧密结合的小团队协作体系，这样系统的数字化优势其实是其他人很难在短时间内追赶的。

8.1.4　企业可以选择最适合自身的数字化营销方式

虽然在 MarTech 领域"导购数字化"是一个耳熟能详的名词，但这个名词涵盖了许多技术可能，并不是一个能直接落地的概念。屈臣氏提供的是一个相对标准的答案，可以称之为"海纳式"数字化。不过这也不是唯一正确的导购数字化方法论，不同量级、不同业态的企业其实适合不同的转型路径。

（1）海纳式数字化。整合包括线下门店、电商平台、社交平台等不同领域的用户数据，实现最理想的数字营销。最齐全也最精确的用户洞察、触达工具、内容素材都已经备好，导购只需动动手指就能完成 KPI 目标，像玩一场由后端市场、运营、品牌部共同设计好的网络游戏一样。但这样一个强大的数字体系，必然要结合企业过往的 IT 基础、商业模式、战略规划做定制化部署，并没有一个适合所有企业的标准技术产品。"海纳式"数字化的成本较高。

（2）泉眼式数字化。如建立一个基于企业微信的内容管理系统，通常只需一个成本极低的插件即可实现。市场部／运营部可以统一上传图文、H5、视频等内容素材，并给导购布置分发任务，还能全盘追踪用户打开不同内容的比例，以及通过用户的浏览行为判断其感兴趣的程度等，从而不断复盘并优化营销策略。但缺点在于用户画像的标签和维度较少，通常是企业微信有什么就用什么，在触达手段上也较为单一。它像一个泉眼，能取水但难以形成川流不息的数字生态。

（3）川流式数字化。基于企业原有的社交平台用户管理系统，可以在上述基础上将公众号运营数据、会员数据进行整合打通，这种操作方式适合大部分企业。其不仅使用户画像更精确，触达手段也更为多元。相比"泉眼式"数字化的简单内容分发，打通微信生态的"川流式"数字化还可以通过小程序实现商城、拼团、AR 等功能，大幅提高整体营销效率。但其前提是企业自身有良好的社交平台运营基础。若企业除了单一体系之外，还有线下门店、电商、搜索广告等丰富的营销渠道，这些渠道就相当于其他的"川流"，可以进一步考虑如何进行更大范围的"打通"。

需要注意的是，当一部分营销负责人甚至老板意识到 MarTech 的力量，走向 MarTech 市场时，若对"概念"抱有过高或过低的期望，将很难得到一个理想的结果。一是客户对 MarTech 期望过高，认为花很多钱购买技术产品就能毕其功于一役，往往会在执行中产生巨大的心理落差，这是因为营销数字化转型是一项需要综合品牌管理、组织架构、数字人才、营销技术体系去考虑的战略规划。同时，从 MarTech 技术公司的角度来看，这也很容易造成"劣币驱除良币"的市场氛围。有些卖火柴的商家会对用户说"买了我的火柴就相当于买了 Zippo 打火机"，但一些优质的商家并不敢通过这种"打包票"的形式去迎合客户这种过高的期待，因为他们在卖火柴之余，也真的在卖 Zippo 打火机。二是客户对 MarTech 的期望过低，只愿意花个几千元去购置一些简单的应用，就容易走向另一个极端。比如购买一个几千元的插件，就认为自己的导购"完成"数字化了，又或是建个小程序商城就希望能像良品铺子一样创造近乎和线下门店同等规模的线上销量，其结果也必然是要翻车的。

8.2 欧莱雅的数字赋能营销

全球美妆行业长期以来都是欧莱雅和资生堂两家企业的天下，但在最近两年，欧莱雅突然超车。2019 年欧莱雅集团总销售额合人民币 2 057 亿元，亚太区销售额占总销售额的 7 成，将净销售额合人民币 671.6 亿元的资生堂远远地抛在了身后。毫不夸张地说，欧莱雅占据了世界美妆行业的半壁江山。从品牌方面来看，欧莱雅集团旗下有美妆品牌"巴黎欧莱雅"，以及兰蔻、科颜氏、乔治·阿玛尼、圣罗兰、碧欧泉、法国欧珑、植村秀、赫莲娜、科莱丽、羽西、美即面膜、美宝莲纽约、巴黎卡诗、薇姿、理肤泉、修丽可等，从大众到高档，从进口到国货，欧莱雅建立了一个覆盖全网的品牌矩阵。从财务数据来看，欧莱雅集团 2019 年的财报显示，销售收入 298.7 亿欧元，同比增长 8%；营业利润 55.4 亿欧元，同比增长 12.7%；净利润 39.8 亿欧元，增长 9.3%；亚太市场成为欧莱雅集团第一大市场，销售额达到 96.5 亿欧元，同比增长 25.5%；2019 年中国区销售额实现了 35% 的增长，是 15 年来的最高增速。其中，全球电商业务销售额占总销售额的 15.6%（欧莱雅中国线上渠道销售额占比达 35%，远超全球均值），达到 46.6 亿欧元，同比增长高达 52.4%，超过行业平均增速的 27%，电商是驱动增长的主动力。

2020 年财报显示，由于受到新冠肺炎疫情影响，欧莱雅集团全球业绩下滑 4.1%，但亚太地区是唯一获得正增长的市场，中国增长 27%。电商作为欧莱雅集团的强大增长引擎，在 2020 年增长 62%，已占集团全年总销售额的 26.6%。而在 2019 年，电商业务在总销售额中的占比为 15.6%。

欧莱雅董事长兼首席执行官让－保罗·安巩（Jean-Paul Agon）在评论年度业绩时说，正是数字和电子商务方面的布局，使得欧莱雅与所有消费者保持密切关系，推动欧莱雅在危机期间再次实现大幅增长。同时，这也在很大程度上弥补了销售点关闭带来的业绩空缺。欧莱雅集团 2021 年半年报显示，该集团上半年销售总额达 151.9 亿欧元，同比增长 20.7%，第二季度实现强劲增长 33.5%！图 8-2 为 2010—2019 年欧莱雅集团在中国的营业收入及增速。

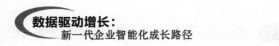

年份	中国区销售额	同比
2019 年	/	35%
2018 年	超 200 亿元人民币	33.0%
2017 年	/	双位数
2016 年	/	/
2015 年	149.6 亿元人民币	4.6%
2014 年	143 亿元人民币	7.7%
2013 年	132.8 亿元人民币	10.2%
2012 年	120.5 亿元人民币	12.4%
2011 年	/	双位数
2010 年	超 10 亿欧元	双位数

图 8-2 2010—2019 年欧莱雅集团在中国的营业收入及增速

数据来源：欧莱雅集团历年年报

8.2.1 欧莱雅集团是一家披着美妆外衣的数字技术公司

（1）欧莱雅旗下的美妆品牌数字化优势明显。在世界著名研究机构 Gartner L2 最新发布的中国美妆品牌数字化排行榜前十位中，欧莱雅旗下的巴黎欧莱雅和兰蔻分别位居第一、第二，圣罗兰美妆排名第四，科颜氏排名第六，美宝莲排名第七。欧莱雅旗下的品牌不仅霸榜，而且还以巨大的数字化优势占据高位排名。

（2）欧莱雅拥有雄厚的技术力量和人才。一是具有庞大的数字化团队，其中有上百位数字化营销的专家。二是 2018 年度，申请 505 项专利，投资研发创新投入达 9.14 亿欧元。三是拥有遍布欧洲 6 个区域的 21 个研究中心、3 个全球研究中心、14 个评估中心。四是 22 000 名员工接受数字技术培训，约占员工总数的 25%。五是 2018 年 3 月收购了来自加拿大的美妆数字技术公司 ModiFace。通过 AR 面部追踪算法，加上摄像头对用户面部的细致捕捉，ModiFace 能够逼真演绎出不同彩妆在人脸上的变化。

（3）欧莱雅的私域流量巨大。更值得注意的是，Garter L2认为美妆品牌通过数字化建设"自有渠道（owned channels）"，是其获取成功的主要因素之一。如果更生动地翻译"owned channels"，它其实就是我们一直在说的"私域流量"。有趣的是，在国外的商业分析师眼里，私域流量被视为"一个高度完善的用户忠诚度计划"。

8.2.2　精准标签下的数字用户

"我是谁，从哪里来，要到哪里去？"这是人类自诞生之始就想弄明白的问题。情理总是相通的，若突然将一万份用户数据摆在你面前，或许你也会提出类似追问：这些用户是谁？数据从哪儿来的？能怎么用？而欧莱雅通过"数据整合"一次性回答了上述问题。

"用户是谁？"这一问题的实质是如何用数据高度准确地形容一个人。这在理想情况下是一点都不难的：假如没有任何限制，只要掌握了这个人的身份证号，就可以在教育局里找到他的受教育经历，在车管所里找到他的出行信息，又或是居住情况、饮食规律、兴趣爱好、健康水平……身份证就像一个账号，借此我们可以找到各个平台之中的属于他的数据信息，整合起来，就能高度还原他在生活中的每一面。当然这只是想象中的故事，现实中即使有能力这么做，获得的也不会是业绩增长，而是手铐。但原理是相通的，欧莱雅使用了另一个"账号"——用户手机号。用户在天猫上搜索科颜氏（本章举例中的各品牌皆为欧莱雅旗下品牌）时，商城封面就会引导用户注册会员信息，使欧莱雅借此获取用户的手机号。同样的事情还发生在小红书、微信、微博上。

随后，欧莱雅将通过手机号整合该用户在各个平台上的轨迹，形成对单个用户的精确数据描述。数以千万计的高度精确的用户数据，将指引欧莱雅

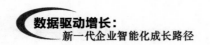

做出最有效的推广方案。比如第一例C2B创新（消费者反向创新）的案例——巴黎欧莱雅零点面霜。据称，欧莱雅用了59天时间挖掘了上千名18～30岁消费者对"理想面霜"的诉求，得出结论：熬夜而引起的肌肤损伤是她们最迫切、最想要解决的问题！基于夜间使用场景，欧莱雅迅速投入研发并推出了零点面霜，该面霜上市当天就卖出了10万件。

站在消费者的角度，若戏谑一些或许会更好理解：大家的秘密在数据事实面前，再也藏不住了。小彭在微信上是端庄白领，但在微博中却是熬夜追星的饭圈少女。在不同的社交平台上有着不同的身份一直是她的小秘密，但某天微信广告竟弹出了她偶像代言的零点面霜，她点进去看，发现里面竟然还有她在天猫消费获得的会员积分。这不是腾讯、新浪、阿里巴巴三家握手言和互相开放数据了，而是欧莱雅的数字化能力实在过于优秀。

其实欧莱雅的成功也给行业带来了反思——在人人都知道千人千面的个性化营销能带来增长的今天，"个性化"到底能做到什么程度？潦草地区分男女、精准地区分不同年龄层的网络用语习惯，似乎都称得上个性化。但Gartner L2调查了7个行业的103个品牌的数据收集、沟通和营销实践发现，2018年只有23%的品牌根据用户数据对其网站进行了个性化设计，只有13%的企业能提供具有高度针对性的消息。

欧莱雅给出了一个参考答案——打通多渠道数据。这不仅是一个可以跨平台积分通兑的、用户体验更好的会员系统，更是一个私域流量池：基于多维度数据的用户画像，让你更了解用户到底是一个怎样的人，并提供反复触达与互动的功能机制，从而建立与用户的长期对话，最终培养出忠诚的用户。

8.2.3　欧莱雅具有强大的科技美妆的数字底层

欧莱雅的数字底层可以分为两个部分，一是在营销技术上的整体布控情况；二是一些欧莱雅推出的或用于营销的黑科技产品。

（1）整体布控方面，欧莱雅最大的成功是构建了一个强大的数据中台。这个中台打通了多方数据，并形成了一个中央的数据处理中心。据欧莱雅自身统计，2018 年其在全球有 350 亿的社交网络粉丝，官网有 1.2 亿次的访问量。面对如此庞大的数字世界，欧莱雅在国内与一些 MarTech 公司进行长期合作，构建 SCRM、CDP 等技术应用，并将部分运营的工作委派过去。但由于数据安全原因，再加上大品牌不可能使数据由第三方技术公司掌控，因此欧莱雅建立了一个"沙池"用来中转数据信息。在接到指令以后，第三方公司的技术与运营团队会分别对两端的数据进行接驳，采集相关信息，最终指定目标人群。通过数据中台与完善的数字化底层建设，欧莱雅的品牌总经理基本上不用考虑营销触点的问题，针对用户的一切问题都可以交由中台进行管理，而品牌总经理的主要工作则是用户价值分析，根据不同的人群和地区进行产品的适配和开发。欧莱雅的运营非常精细化，甚至建立了公众号端的千人千面。其中一个做法是，一个陌生用户关注了公众号之后，欧莱雅会运用强大的数据系统寻找用户标签，并根据这个用户的标签特征进行有针对性的回复和交流。比如，在用户关注的第一时间就给出有针对性的问候语。

（2）黑科技产品方面。一是前文提到的欧莱雅收购了全球领先的增强现实和人工智能科技先驱——ModiFace 公司。二是 2019 年 7 月 5 日，欧莱雅宣布，携手腾讯微信上线首个动态虚拟试妆小程序。这款小程序可在手机上呈现"零售店级"试妆品质，同时还支持试妆图片拍摄、图片保存、妆前妆后图片分屏对比及分享等便捷功能，帮助消费者一键完成试妆体验、挑选、下单、分享、推荐的全消费过程。据欧莱雅称，虚拟试妆技术可有效提升流量转化，转化率高达原先的两倍。三是欧莱雅针对用户检测紫外线的小痛点，单独设计了一个产品：UV Sense，这是全球首款可测量个人接受紫外线照射量的无电池可穿戴电子传感器，搭配手机 App 使用，可告知用户何时应留意紫外线照射。据亿欧报道，在这个产品既不是欧莱雅的主要产品，甚至多数用户都不是欧莱雅的消费者的前提下，最后的反馈数据显示，多数用户在穿戴过程中慢慢地对欧莱雅旗下品牌有了更多的认知，成为欧莱雅真正的用户。

"美妆有了科技的赋能，能够给消费者带来更加个性化的体验；而科技通过美妆的方式体现，能够变得更加人性化。因为每个消费者都需要不一样的方式满足自己对美的要求，这是欧莱雅特别重视和积极引领的一个方向。"欧莱雅中国 CEO 费博瑞表示，"我们认为科技能够填补消费者向往的，和消费者实际上能得到的之间的差异。所以美妆需要科技，科技也需要美妆"。这个全球最大的化妆品集团，不仅通过电商把产品推向更广阔的二、三、四线城市，还通过科技把用户体验也推向这些地区，形成全域的营销矩阵。

8.2.4　拥抱最前沿的社交媒体玩法

近几年，各大美妆品牌都在涌向社交媒体，品牌运营产生声量，投放广告产生销量。欧莱雅中国大众化妆品部数字营销及阿里电子商务总经理王茜媛表示："我们通过社交媒体去传播新品上线的消息，站外先用网红种草，通过网红和粉丝互动。"

（1）在玩法上，欧莱雅率先采用"美妆小分队"战术。这个战术简单来讲，就是在同样投放预算的前提下，将原先对单个网红的投放，拆解成对多个小网红的投放。比如欧莱雅在英国放弃拥有 1 100 万粉丝的美妆达人 Zoella，转而把钱投给了 5 个粉丝量仅数十万的小博主（KOC），并以这 5 名加起来粉丝量不到 500 万的 KOC 组成"美妆小分队"进行宣传与投放。

"美妆小分队"的优势有两点。一是带来更高的真实感；二是更深入地切入垂直细分市场。在真实感方面，为了让产品推荐更为真实可信，品牌需要找那些与粉丝互动更频繁、垂直领域有专长的小众网红、博主。在垂直方面，虽然欧莱雅选择的 5 个 KOC 加起来没有 Zoella 的一半粉丝多，但他们各自拥有护肤、护发、彩妆、搭配等方面的专业知识，使他们在对应的垂直领域有更高的发言权。

除了"美妆小分队"之外，欧莱雅集团下科学爱肤、理性护肤的品牌——理肤泉还组织了"医生专业队"，从这种角度上来说，欧莱雅直接化身为"MCN"公司。具体运作如下：影响 B 端的最终目的是影响 C 端，品牌需要了解的是如何从 B 端到 C 端。首先 B 端一定有一个中心以及一群专业的医生，他们是品牌的粉丝，他们了解你，他们相信你，他们愿意跟你合作，跟你做临床试验，跟你发学术论文，跟你去线上做问诊，跟你去线下做活动，跟你一块去做科普，这群医生是你合作的粉丝（但需要注意的是，医生作为极为稀缺的不可再生资源，千万不能被滥用）。因此，理肤泉品牌讲产品的时候，从来不用医生讲，只用医生讲科普的内容。如果想推广在痤疮领域、痘痘领域的一些辅助护肤产品，理肤泉就会强化科普：对于痤疮病人，如果有皮肤敏感问题和痘痘问题，那么一定不要光去控油，同时还需要保护皮肤的屏障。从这点入手不断地深入科普，基于理肤泉的产品就是擅长一边控油，一边保护屏障的。品牌需要给顾客的不光是产品，还有知识和习惯的培养，以及护肤理念的改变。请皮肤科的医来做科普，请他们来传递正确理念，提醒大家对于健康的关注，帮助推进整个敏感肌肤人群更加科学理性地护肤。这将使品牌在这一过程中得到正向、健康的形象提升。

（2）YSL 圣罗兰美妆的"公众号版小红书"更是引起国外研究机构的注意："On WeChat, it created a Mini Program that emulates the features of RED, allowing the creation of user-generated content and product tagging.（在微信上，YSL 创建了一款模仿小红书的小程序，让会员用户分享内容和产品标签。）"

具体而言，在官方公众号"YSL 圣罗兰美妆"底部菜单栏里，有两个小程序入口：Y 秀场、Y 粉圈。Y 秀场的功能很简单，只要用户在小红书、微博、微信等平台晒出带有 #YSL Dare&Love# 标签的 YSL 相关内容，并在晒出后 1 个月内截图上传至这个小程序里，审核通过即可获得 100 积分。Y 粉圈的功能则是依照小红书进行复刻，用户可以上传图片、点评分享，并选择相应的产品标签。

而吸引会员参与的关键则是，会员只要分享 Y 粉圈笔记，或者在 Y 粉圈种草了其他用户（其他用户通过会员发布的笔记在微信商城上购买了产品）就能获得大量的会员积分。这些玩法不仅给 YSL 圣罗兰美妆提供了大量的用户素材，而且通过普普通通的积分，就能引导大量用户将优质评价分享到微博及真正的小红书上，从而产生巨大的社交媒体声量。

8.2.5 柔性而敏捷的数字供应链

前文零点面霜的案例中有一个小小的 BUG 没有被提及：调研后就能立刻开展研发、生产、推广，是不是太过轻易了？尤其对大型企业而言，研发部门、生产部门、市场部门……无数人就这样毫无阻滞地携手把这件事情完成了？对欧莱雅而言，似乎情况真的就是如此。

在研发上的投入与积累，对于有着百余年历史的欧莱雅自然不必多说。而在生产上，据虎嗅报道，2016 年，欧莱雅位于巴黎郊区的拉西尼工厂就开始通过计算机管理下的敏捷生产线进行生产了。这种敏捷生产线的特点是高度灵活，可以满足不同产品小批量生产之间的快速切换。目前这条生产线可以快速切换 20 多种不同的产品形式，比如从 YSL 口红切换到另一个系列产品只需 20 分钟。

在推广上，欧莱雅中国的数字化能力，已经使电商渠道的销售额在其业绩中占比超过了35%，与之相比，国外的电商比例通常只占10%。从单个品牌的销量来看，据悉YSL圣罗兰美妆48%的销售额，来自于没有实体柜台的一些地区和低线城市。这些成绩得益于欧莱雅中国对下沉市场的开拓，来自于传统渠道难以覆盖的新兴消费群体——欧莱雅称之为"小镇剁手族"。而零点面霜的调研与目标用户，其实就是他们。在抓住了需求之余，欧莱雅也通过天猫数据踩准了"小镇剁手族"的心理价位，为他们"创造新品"。在发售当天，这款产品刷新了天猫的面霜单日销售纪录。换句话说：这条集策划、研发、生产、推广于一体的数字化供应链，使欧莱雅的这款面霜成为中国较受欢迎的面霜单品之一。

8.2.6 数字化是一种企业文化

欧莱雅的数字化进程给人印象最深的或许是"数字化离不开企业文化"。数字化未必总是客观的，数据分析也并不只有理智，它始终摆脱不了一定程度的主观判断。欧莱雅能始终保持敏捷，并逆势增长，能持续使自己被新生代消费者喜欢，背后的逻辑是企业文化。其实在现实执行中，无论多么详尽的用户画像数据，不同的市场人员都会有不同的解读，如何尽可能地逼近"真相"？这要视乎品牌对消费者的态度究竟是高高在上，还是愿意认真地深入交流。

这需要一些数据之外的"数字工作"。欧莱雅中国CMO阿斯米塔·杜比（Asmita Dubey）在虎嗅的专访中曾提到："我们有一个内部的交换项目，公司里的'90后'会定期与公司高层进行交流，一月一次，跟他们分享年轻人之间的新趋势、流行的新App、美妆领域又出现了哪些新概念等。这一交流会非常的轻松随意，我们都要求高层要摆出谦虚学习的姿态，这能让他们及时地捕捉到最新的数字化趋势动态。""我们为这个项目建了一个群，里面都是参与过交流培训的'90后'，现在有94个人了。他们每次跟高管交流结束后，会把自己的经历分享到群里，当然还有和高层的合照。我们还给高管们制定了一些简单的要求，例如，你不可以迟到，你不能摆老板派头，要虚心，要好学。在当下的这种数字化时代中，我们必须打破一些旧的层级观念，要让以往高高在上的这些管理者多跟年轻人交流学习，因为没有人比他们更了解现在流行什么。"

从欧莱雅身上，我们可以看出，数字化或许不只是一个技术问题，它最终也是一个企业文化问题。

8.2.7 欧莱雅成功的核心

（1）高度重视中国市场，并保持良好的敏锐度。尤其对于中国用户需求变化的把握很准，无论高端人士还是小镇青年，他们都能深度了解与时俱进。

（2）重视用户资产管理和运营。欧莱雅建立了庞大的用户池，能够触及10亿以上的数据人群，同时委托全球领先的技术公司进行技术部署和运营，在全国建立了多个呼叫中心，能够直接通过公众号和视频对接用户需求。

（3）建立强大的业务中台，能够通过深入细致的用户洞察和不同社交平台管理，实现千人千面的用户服务，并打通了公域、私域和他域，实现全域流量运营。

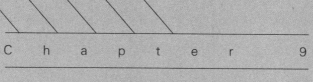

Chapter 9

第 9 章
新一代营销技术企业的
赋能技术力量

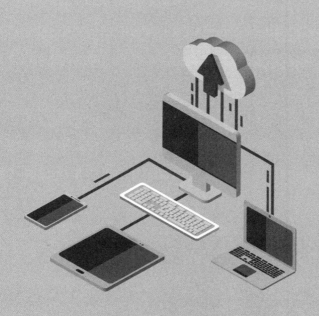

任何企业都需要高度重视营销技术，这就需要找准技术领先的营销技术服务商。对于很多 MarTech 机构来说，2020 年大扩张是件再正常不过的事情。2021 年，需求热、赛道热和资本热，更是把行业推向了风口浪尖。无论是企微、CEM、BI 还是 CDP，小到千万元，大到几十亿元，这个领域的成功融资案例层出不穷。云徙、径硕、群脉、快决测等新一代营销技术公司是其中的佼佼者，它们能够为企业的数字化转型赋能，助力传统企业的数字化转型。

9.1 云徙的数字中台技术

2021 年 10 月 15 日，云徙科技正式宣布完成近亿美元的新一轮融资，本轮融资由凯欣资本领投，交银国际、湖畔宏盛跟投，老股东腾讯、红杉中国基金、襄禾资本继续加持。至此，云徙科技融资总金额超过 2 亿美元。而在 2020 年 10 月 25 日，云徙科技刚完成 3.5 亿元 B 轮融资，也是业内第一家突破 B 轮的中台服务商。

9.1.1 云徙对数字中台的独到理解

云徙创始人包志刚是营销出身，他对营销技术、数字商业、数字中台等话题有着别具一格的解读。他对数字中台有独到的认识和理解，曾用乐高做了生动的比喻，把数字中台类比为积木生产线。

这里先让我们看一下玩具厂商们的生产线。每当一个动画 IP 火爆，玩具厂商就会蜂拥而上，同时设计多款周边拿去售卖，根据售卖情况放弃卖得不好的款式，并增产那些卖得好的款式。用现在流行的话讲就是 A/B Test、敏捷营销、小步快跑、快速迭代。一般的厂商每个款式背后都有一条生产线，而乐高生产上千款玩具的同时，工厂生产的组件始终是相对稳定的——都是那批小积木。建立在这套稳定的中间体系之上，乐高就能永远比竞争对手更快、更稳、更大规模地不断"进化"。其实这就是某种意义上的"数字中台"。公开资料显示，如今乐高已推出了虚拟设计软件，用户可以直接在线上自由设计、组合，再将实体模具买回去玩。虽然"数字商业""万物互联""以用户为核心"是所有人都挂在嘴边的词汇，但判断一个企业是否真正连接客户的一个简洁标准是，看这家企业的商业版图有没有"衍生能力"。比如乐高，已经不仅仅是在"卖玩具"这么简单了。除了线上设计平台之外，乐高还有线下门店，开展儿童益智课程。

当然，包志刚说，"如果你的业务模式很单一，那是不需要中台的。比如你的玩具就一款，需要像乐高一样复杂吗？直接开模做就好了嘛。"这种变化背后的意义是极其深远的。就像人类发明了汽车，在更快的速度之外，还意味着人类能探索更广泛的版图、掌握连接的力量、发挥网络的价值、实现更高层级的管理。他同时认为，谈到品牌，市面上很多人讲的"要创新""要智能""要转型""要讲故事"等根本不是重点，重点是"连接的力量"。小米就是最好的案例，其已经成为家电品牌最大的竞争对手。电视机行业有许多年历史了，有些品牌甚至发展了几十年，但小米只用了 5 年就成为中国智能电视机的第一。"我们常说产品要创新、要匠心，但什么才是匠心？小米那么丰富的内容，多个产品共同构成的智能物联网，何尝不是基于用户的一种匠心。"如今小米手机似乎只是一个 AIot（人工智能 + 物联网）网络的入口。小米手机能遥控小米电视，看小米的网络视频，控制空气净化器。随着产品线的日益完善，总有一天小米 AI 能控制着所有的家电，从而照顾你。要做到这件事，就要面临一个矛盾：在前端，应用场景不仅极多，而且要能"敏捷"地去适应变化。而在后台，所有用户数据、技术底层又必须统一在一个"稳定"体系之内。这中间就必须要有一个数字中台。

包志刚认为数字商业最重要的事情可以归纳为 4 个词组，他称之为"一朵云，一个中台，无数端，一个入口"。而在数字技术之外，他还强调了另一个重点。数字技术是外包还是自建，是租用还是购买都好，在拥有技术之后，如何像乐高一样拓展商业版图、像小米一样自成网络、像良品铺子一样全局管理？如何让企业自身的人员能理解并使用数据与AI？如果把数字技术当作车，或许企业是时候考取一张数字驾照了。"企业要想实现数字化发展，运营一定是最为核心的能力"。

9.1.2　云徙的数字中台方案

云徙推出了数舰这一数字中台平台，主要包括业务中台、数据中台、技术中台、全域会员、全触点营销、全渠道交易、全链路服务等内容。其能够更好地实现研发全流程管控和全景数据度量，需求全生命周期跟踪管理，以代码数据化实现低代码开发，大前端、后端、大数据、测试、运维等立体化的工具和技术体系。

（1）数舰·业务中台。该中台基于云原生技术，是以共享的商业能力域呈现的持续演进的企业级业务能力共享服务平台，其提供了丰富的共享服务、体系化地建设企业能力域的方法和机制，并可通过业务能力的配置、编排、扩展，支撑数字化应用的快速迭代创新，助力企业数智化转型，如图9-1所示。

（2）数舰·数据中台。该中台是基于大数据和人工智能技术打造的一站式数据整合能力平台和智能应用平台。集数据采集、融通、聚合、算法学习、管理、服务等功能于一体，并整合了新零售领域的常用数据资源、数据模型、标签体系与多种数据智能应用，如图9-2所示。

（3）数舰·技术平台。该平台是基于云原生架构体系打造的服务企业数字中台建设的全景化平台基座。其提供包含研发服务、大前端、网关、多云适配器、混合云管理及开放平台等多个领域的技术能力和工具集，为企业数智化转型提效赋能，如图9-3所示。

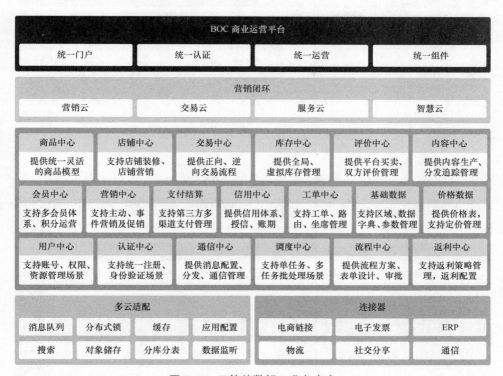

图 9-1 云徙的数舰·业务中台

图 9-2 云徙的数舰·数据中台

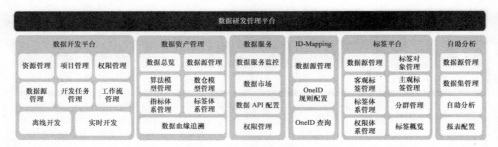

图 9-2　云徙的数舰・数据中台（续）

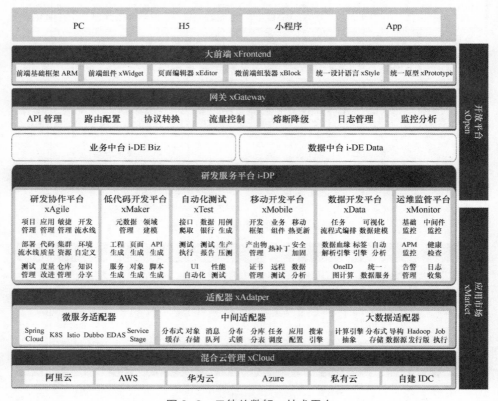

图 9-3　云徙的数舰・技术平台

（4）数舰・全域会员管理平台。其致力于全域会员的生命周期管理，为企业提供忠诚度计划、会员 360°、会员全局档案等功能，帮助企业实现泛会员的高效管理，如图 9-4 所示。

图 9-4 云徙的数舰·全域会员管理平台

（5）数舰·全触点营销平台。该平台致力于客户全生命周期的数字化营销，为企业提供精准圈人、营销画布、生命周期营销引擎、效果监控等功能，给企业快速提供精准化、自动化的营销能力，如图 9-5 所示。

（6）数舰·全渠道交易平台。该平台致力于为企业提供丰富的交易触点和场景，以及 BBC、B2C、B2B、社区团购、微分销、直播等多样性的交易模式，帮助企业自建符合本身业务特点的商城体系，并通过全渠道运营平台，统一管控自建商城、第三方平台、线下门店的商品、订单、库存，实现完整的交易闭环，如图 9-6 所示。

图 9-5 云徙的数舰·全触点营销平台

图 9-6 云徙的数舰·全渠道交易平台

（7）数舰·全链路服务平台。该平台是全链路数智客户服务平台，可为企业快速构建数智化客户服务体系。其具有提供全渠道在线客服、热线客服、AI客服、智能工单和服务大脑五位一体的全场景全链路客户服务形态及服务能力，如图9-7所示。

图9-7 云徙的数舰·全链路服务平台

9.1.3 云徙的 SaaS 级营销中台产品——数盈

云徙数盈把"会员管理"放在重要位置，而此处的"会员管理"与以"会员积分""会员忠诚度管理"为关键要素的传统"会员管理"既有相似之处，又不尽相同，其将目光更多地投向了消费者和运营两个关键点。

（1）数盈的下一步目标是通过 SaaS 级营销中台帮助新零售企业更好地"覆盖"周围 3km 商圈。云徙为久久丫、老塞咖啡、书亦烧仙草等行业中的标杆企业提供了一些数字化营销解决方案。从经验来看，企业的首要任务仍是业务数字化，搭建线上的客户触点，将线下流量引至线上，完成这些基础建设后的重点才是通过数字化将业务覆盖到周边商圈。所以目前数盈的主要任务是帮助企业实现业务上线和营销数字化，以及数据中台的打造，而数盈

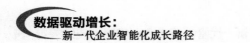

的下一步目标是帮助企业覆盖周围 3km 商圈。

（2）目前数盈的切入点是新零售行业。云徙选择细分市场时的切入点，一是看行业数字化会员运营的难易程度，二是看行业与客户的数字化连接强度。虽然从商业的角度来看，零售行业相比房地产、汽车这些体量更大、拥有充足资金和营销预算的行业，资金实力弱些，但在实践的过程中，云徙发现连锁零售这类线下具有高频消费行为的行业，能较好地在线上与客户建立可以高频互动的强连接。而云徙认为营销数字化的核心正是与客户建立数字化的强连接，以支持精准营销、私域流量等线上运营手段，因此其选择零售行业来作为切入点。举个例子，房地产行业更注重前端的线索和流量，其营销的重点在于踩盘、看房等这些交易前期的客户培育行为，但购买行为完成后，客户与房企之间再次建立连接的可能性会变得很弱，很难对客户进行二次销售。所以房地产企业通过数据进行精准营销，利用互联网运营的玩法来提升业务量是有门槛的。汽车、家居这些低频、低互动的垂直行业也是如此。

而快消品这类高互动的行业，也面临着数字化困境，即没有很好的触点与客户建立深度连接，难以触达 C 端用户，更难以获取用户画像和数据。所以，目前快消品的营销往往只能停留在浅层，通过一物一码、裂变营销或参与性的活动来与客户构建稍强的连接。数盈的中台更适合有数字化改造基础的企业，以数据为导向将用户变成一个数字化的人，将商品变为数字化的商品，把营销变成一个数字化的运营玩法。而以上列举的这些与客户连接较弱、数字化程度较低的行业如果使用数盈的中台来进行业务转型反而是事倍功半的。反过来看，奶茶、化妆品等连锁零售以及消费高频、产品迭代较快的行业，它们的消费者相对年轻，这些从小生长在互联网氛围下的群体，对数字化的营销玩法接受度更高，对会员营销等玩法的参与度也更高。因而这些行业要么天生具有数字化基因，要么在数字化转型时更加轻松，所以与数盈产品的使用场景更加契合。从另一个层面来看，连锁零售行业竞争更激烈、与用户连接更强、消费更高频、消费者更年轻，其数字化营销的玩法更复杂，所以在连锁零售行业能够发挥作用的数字化营销工具，应用到其他行业时，都能更好地发挥作用。

（3）连锁零售行业在营销数字化转型过程中还存在诸多难题。云徙认为，连锁零售行业的核心要素有三个。一是品牌，二是产品竞争力，三是数字化系统，要以这三个核心要素来支持规模化的扩张。传统连锁零售行业的问题就在于，这三个要素往往是不完整的。其中数字化系统是最薄弱的环节，整体行业的数字化水平还比较低。一方面是除了诸如奶茶行业的喜茶、奈雪的茶这类头部品牌之外，其他企业的数字化人才十分缺乏，大多数企业没有懂会员运营或是有实际操盘经验的人员，具有线下运营经验和线上运营能力的人才更是稀缺。另一方面则是缺乏头部的技术供应商，多数技术供应商只提供比较初级的诸如门店管理、ERP、POS 等技术服务，有针对性地提供符合连锁零售行业数字化营销玩法技术的供应商并不多。此外，连锁零售行业本身毛利不高，可投入的资金比较少，这进一步加大了数字化转型的困难。以曾经服务的品牌伊藤·洋华堂为例，在帮助伊藤构建整个运营体系的时候，为找到合适的技术、运营人才，花费了大量精力。人才稀缺、高级技术供应商少、可投入资源不足导致数字化系统薄弱，是整个零售行业面临的困难，所以我们在做连锁零售这个细分领域时，希望钻研得更深入一些，通过打造几个标杆性的项目，实际解决连锁零售行业数字化转型会遇到的问题和难点，形成可供参考的方法论。

（4）数盈在会员管理上有着独特之处。包志刚认为，在谈到会员管理的时候，人们通常会把眼光放在积分会员卡、会员忠诚度等问题上，但数盈希望能够脱离这个会员概念的桎梏，聚焦全域消费者运营的理念，从消费者以及运营的角度来考虑问题。会员的重要意义在于提供了与消费者强连接的互动方式，从而获取消费者行为数据，通过数据提供的更全面的视角，来了解消费者的偏好，提升对客户整体的理解。例如良品铺子，通过数据的获取，可以针对消费者／会员群体开发不同细分场景下的产品；再比如喜茶 GO，也是面向消费者的强连接和互动的触点。以往企业经营产品的时候，都是以商品为主导，从企划到市场定位再到样品的制作，然后到市场的试发，以及供应链的整合等企业的经营要素，都要围绕商品维度来展开。而我们认为未来的趋势，是以消费者为主导，将产品开发、客户互动、门店运营、供应链等体系都围绕消费者来构建，所以数盈的愿景是帮助企业构建以消费者为核心的数字化营销和运营体系，或称之为全域消费者运营。在打造全域消费者运营体系时，数盈的优势在于两点。一是以数据驱动，在企业构建起与消费者有强连接的数字化触点之后，用消费者数据来支持企业的营销决策。例如盒马鲜生，它的所有交易都是数字化的，通过数据来了解不同客户的购买喜好，从而进行个性化推荐，以及为门店商品摆放方式、营销互动策略的选择提供参考。二是以运营的视角来看营销，将互联网运营流量和会员的这一套玩法，应用到实体行业。

整体来说，数盈与其他技术供应商形成竞争壁垒的优势就在于拥有高度整合的中台，能够帮助客户将营销活动数字化、门店数字化，把 POS、线上商城、App、社区团购、社群等众多平台上离散的数据打通，将线上、线下分开的渠道整合在一起，构筑一个面向消费者、以数据驱动、以运营为导向的全域消费者运营体系，如图 9-8 所示。

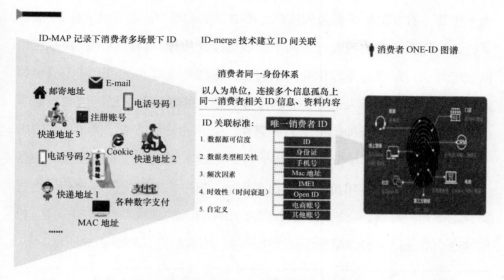

图 9-8　数盈的全域消费者运营体系

（5）企业构建会员管理体系还需要解决一些难题。一是企业需要先实现业务数字化，让线下难以量化的用户通过数字化业务变成可感知的数据。一方面是构建数字化的业务触点，另一方面让用户愿意使用这些业务触点又是一大难题。如果消费者对数字化业务触点的接受度不高，搭建会员管理体系就会很困难且无意义。在这点上，盒马鲜生就做得比较好，它已经基本培养出了客户在线下单到店自取或快递送达的消费习惯。但对于多数企业来说，如何基于自身业务流程进行数字化改造，并建立起与数字用户的连接，是目前一个很大的痛点。二是传统零售企业在组织架构上不如互联网企业灵活，在执行层面有很多冗杂的程序，比如要办一场营销活动，需要写物料清单，需要申请预算，需要在门店之间进行利益分配，需要进行门店之间的协调等。而要解决这些问题，数盈需要为企业搭建自动化营销的框架，并将模块化的产品填充进框架里。例如，根据复购频次理论，只有一次购买行为的用户流失率是 50%；有 3 次购买行为的用户流失率则大大下降，有 5 次购买行为的用户，再次复购的概率会非常大；有 10 次购买行为的用户已是忠诚度非常高了。数盈以此为标签，根据用户标签设计触发行为，自动推送差异化的营销信息，不需要业务人员和运营人员参与太多。数盈现有的千人千券／千店千券产品，能够自动帮助门店寻找高净值的用户，提供符合他们价值的优惠券，引导进一步消费。例如，某门店大多数用户的平均客单价是 30 元，一些中层客户的客单价是 100 元，还有一些高净值的用户客单价可以达到 500 元。当平均客单价的客户购买达到 25 元、28 元的时候，系统会自动发送 30 元或 35 元的满减券；针对中层客户，则推送 100 元以上的满减券，从而提升他们的客单价，如图 9-9 所示。

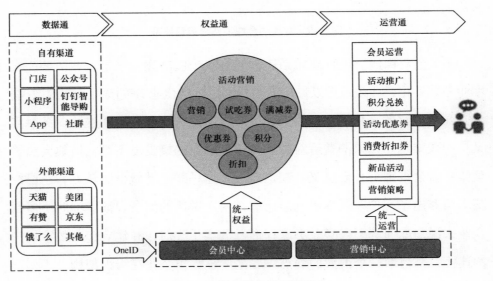

图 9-9　数盈的会员运营平台

（6）不同行业的会员管理有明显的行业区别。高频低客单价的咖啡、茶叶行业，它的特点是不需要导购，客户的购买决策链条非常短，而且频度非常高。这种行业只要给到用户足够的权益，比如忠诚度的奖励性补贴，让用户有动机保持会员身份就行了。但高频的行业内也有差别，比如星巴克这种品牌力较高的企业，它要做的是给到会员能够彰显地位、等级的差异化权益，如会员黑卡、限量版周边等。再看不同大类，例如美妆和母婴品牌，它们的会员运营首先要有专业化的导购节点与会员进行连接，针对用户的实际情况提供专业的建议。对于这两个行业来说，专业的服务是提高会员黏性的关键点。再来看一些低频行业，例如家居行业，会员的两次消费之间的时间跨度可能很长，后续的会员运营是比较难的，所以家居行业会员运营的重点在于前期通过内容来运营潜客，如家装案例的小视频，或提供免费的装修设计，之后引导客人到线下门店去体验，接着再进行小家电、家居的捆绑式销售。最后来看看快消品行业，诸如啤酒、矿泉水，它们很难连接到 C 端的消费者。因为消费者不可能为了买瓶矿泉水就注册为会员，也没有动力为一瓶水去花时间领优惠券。所以快消品行业只能通过内容营销、互动营销及一物一码等方式来强化与 C 端消费者的连接。

（7）消费高频的行业适合使用会员管理体系。一般来说，消费比较高频的行业更适合使用会员管理体系，一个月至少应发生一次消费行为。例如咖啡、茶饮、餐饮、烘焙等食品行业，美容、美发等服务行业，信用卡等金融行业，甚至是航空公司这种交通行业，这些与衣食住行高度相关的垂直行业，会员化的趋势非常强。

（8）全域消费者运营是私域流量的基础。不同的企业、品牌都有自己不同的私域流量池，甚至同一个企业下的子品牌、同一个品牌的各个私域流量池也可能是割裂的。全域消费者运营的意义就在于，将自营商城体系、电商平台体系、企业微信体系、社群体系、支付平台体系上与客户的连接和数据打通，从而形成完整的消费者画像和客群定位，进一步完善核心用户资产数据。所以说，如果抛开全域消费者运营而单独构建私域流量，只能获得单一维度的消费者，只有从全域的视角来审视消费者，才有可能真真正正地构建整个消费者运营体系。

　　企业在进行全域消费者运营时，一是要看企业所在行业的属性和会员属性。搞清企业与消费者的连接和互动触点是什么；是通过新媒体矩阵进行内容运营，还是通过小程序在业务层面进行触达；社群如何运营，是通过企业微信还是通过门店进行一对一会员服务；它们的会员是什么属性的……从而选择恰当的触达工具，如小程序、App 等，并确定自动营销的规则，进而把整体的数字化连接的框架体系搭建起来。数盈的数字化触点解决方案如图 9-10 所示。

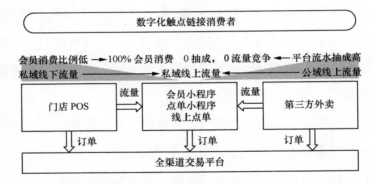

图 9-10　数盈的数字化触点解决方案

　　二是数据精准化和运营。例如利用"支付即会员"体系，只要通过扫码支付，便能够通过这些交易的数据关联到个人，精准地识别个人用户，通过数据给运营团队提供具有高参考价值的建议，从而有针对性地进行精准营销。当然要做真正的全域运营的时候，首先要打通所有会员的通道。需要基于会员连接体系，构建运营体系，本质上是要把线下的流量往线上搬。除了工具以外，原来互联网的运营方法其实本质上也是要往运营体系上搬，包括流量体系、活动体系、数据体系、会员体系等所有基础，其实都要建立，才有可能在私域平台里面把流量承接好。同时，自动化运营极为重要，数盈把很多的运营场景固化到整个自动化体系里，比如首购自动送 1 元券，复购自动送 2 折券，或者再复购自动送 3 折券，在运营的时候降低整个运营本身的门槛。数盈的自动化运营体系如图 9-11 所示。

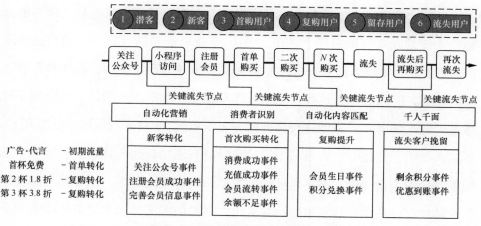

图 9-11　数盈的自动化运营体系

此外，要把所有营销活动都数字化。很多企业的运营数据都是散在各个系统中，做活动在一个系统，发券在一个系统，公众号在一个系统，会员在一个系统……甚至有些线下营销活动，统计一个数据要花一个月时间。只有把所有营销活动全部数字化，才有可能在整个链条里面基于迭代的过程去优化运营，甚至进行更加精准细致地运营。

9.2　径硕（JINGdigital）的 SCRM 和营销自动化技术

上海径硕网络科技有限公司（JINGdigital）创立于 2014 年，深耕营销自动化技术，通过 SaaS 模式，针对顾客生命周期的各个阶段，提供全

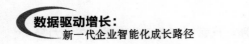

渠道解决方案，搭建营销增长引擎。凭借积累多年的优势，2021 年 6 月，JINGdigital 径硕科技已完成 8 000 万元的 A 轮融资，投资方为线性资本、信天创投。

径硕如何看待营销技术和企业数字化转型的关系？

9.2.1 转化率是正确认识营销技术的关键

径硕的董事长洪锴认为，当前中国企业主观上并没有意识到转化率的重要性。他曾向笔者举过一个例子："中国企业老板包括我自己，都有这么一个心态：假如你告诉我某个软件能够提高效率并推荐我使用，我其实会有很多的顾虑，但如果你告诉我一个软件能开源能获取新用户的话，我会毫不犹豫地去做这件事情。"造成这种情况既有主观原因，也有客观原因。在主观上，多数人延续了过往时代的思维习惯。在经济高速增长的大背景下，全力扩张规模并抢占流量洼地，确实是极佳的发展策略，相比之下，提升已有的各环节的转化率，并没有特别重要。客观上，在微信服务号出来之前，中国的企业始终没有一个能很好地沉淀用户、对潜在用户进行孵化的流量池。而同时期的国外企业，所有的解决方案都是基于短信或邮件（EDM），他们首先是把所有的潜客或者客户沉淀到邮箱系统里，再利用邮件作为工具跟进，"但邮件营销这件事在中国是不太可行的"。然而近些年人们也逐渐意识到，随着流量渠道不断集中，流量成本越来越高，这种情况下怎么去获取更好的业务效果，转化率就成了一个特别重要的事——从攻城掠地般的粗放式转变为通过精细化运营提升营收。

9.2.2 MarTech 能够有效赋能"转化"

（1）应用 SCRM 的场景有非常明确的三个条件。一是行业本身的客单价足够高。这里的"高"不是指上万的客单价，只要用户购买时会有一定的决策门槛即可。二是用户转化流程相对长一些。比如你购买可口可乐还是百事可乐也许只是一念之差，在这种场景下，很难进行基于转化率的精细化运营。三是有一个相对清晰的用户生命周期。比如你买了汽车，会有一整套的售后服务流程，有很多节点可以让 4S 店或者汽车公司继续跟进并创造新的价值。整体来说，三个条件就是客单价高、转化流程长、用户生命周期清晰，企业只要符合其中的一个，利用 SCRM 去积累流量池、做用户孵化的收益就非常明显。

（2）B2B 和 B2C 企业应用 MarTech 有一定区别。一是二者的核心诉求是一样的。B2B 和 B2C 行业对营销自动化最核心的诉求是一样的——提升转化率，只是呈现方式不同。二是二者之间也存在明显区别。B2C 行业对整个转化效果的闭环非常在意，因为 B2C 行业有很多可量化的环节，如自建网店、电商平台，甚至外链的转化率，相对 B2B 行业而言都更加清晰，要求也很高。而且由于直接面对顾客，往往用户数据的来源会比 ToB 行业丰富很多，他们有各种各样的线下活动、小程序、H5，所以通常也需要很强的运营方来支持。由于 B2B 企业目前赖以为生的 Marketing 触点还是电子邮件，而电子邮件在 ToC 领域的打开率非常低，所以这些企业很需要一个"池子"——一个能够随时随地触达用户，同时又有较高打开率的私域流量池。这就要求 B2B 的行业要用到微信，其实许多 B2B 企业已经在用服务号来扩大品牌信息的传播了。三是 B2B 企业对转化率的衡量方式是明显区别于B2C 企业的，大部分 B2B 企业没有一个直接的闭环来支撑其对转化率的衡量。举个例子，比如某 B2B 企业通过一场展会，触达了 100 个客户，与其中 20个客户进行了深入的交流并最终录入 SCRM 系统中，这就已经是非常良好的用户转化和沉淀了。四是 ToB 领域企业的边界正变得越来越模糊，比如一大批 B2B 企业正在试水电商，并对用户生命周期进行提炼与应用。其与

B2C 企业的模式既有很多共性，也有很多不同。

9.2.3　径硕营销闭环构建方法

径硕将营销闭环根据获客、培育、转化三大用户生命周期节点分为三个阶段。

（1）获客阶段。

常见的线上引流方式包括：搜索引擎广告、在行业垂直网站投放广告、企业的官网、官方公众号和小程序等。因此，企业需要将各个渠道汇总到一个地方，来统一接纳对品牌感兴趣的潜在客户。将官微作为一个私域流量池，通过在不同渠道投放带参数二维码，能非常简单地将潜在客户引流到官微。并且，可以通过数据分析清晰了解不同渠道的引流效率，为评估付费渠道的回报率提供支持。眼下，直播、内容营销是对 B2B 企业主推的获客工具。径硕以直播、内容营销分别打造了功能板块，供 B2B 企业让用户的留资信息、行为数据自动归集在 SCRM 库中，方便 MKT 和销售的后续跟进和孵化。

（2）培育阶段。

客户展现出对产品的兴趣，就会开始积极了解产品详情和应用方案，为采购决策做准备。在这个阶段选用自动化营销工具，可使客户在公众号、小程序、官网等的行为均被记录，并打上相应的标签，以帮助营销人员建立客户画像。同时，自动化工具通过营销人员预先制定的培育策略，自动与这些兴趣客户进行互动，将其培育成为合格的销售线索。培育过程可以用到的手段很多，例如邀请客户参加研讨会，向客户推送调研问卷，吸引客户参与营销活动等。内容营销工具可以和直播活动有机整合，在自动化营销过程中建立了客户画像后，可以精准推送对客户最有价值的内容，以实现更好的转化效果。从图 9-12 中，可以直观了解从培育策略到销售线索，营销自动化工具是怎么做的。用户的行为轨迹，启动了营销自动化产品的识别和打分，当整个用户或者一群用户到了一个分值的时候，他就会进入下一个生命周期。

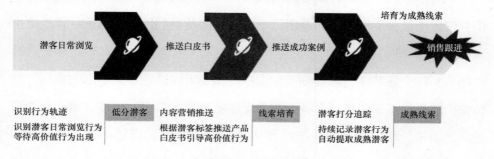

识别潜客高价值行为自动赋分，按积分规则自动执行营销互动，持续培育高质量线索

| 潜客日常浏览 | 推送白皮书 | 推送成功案例 | 培育为成熟线索 销售跟进 |

| 识别行为轨迹 | 低分潜客 | 内容营销推送 | 线索培育 | 潜客打分追踪 | 成熟线索 |
| 识别潜客日常浏览行为 等待高价值行为出现 | | 根据潜客标签推送产品 白皮书引导高价值行为 | | 持续记录潜客行为 自动提取成熟潜客 | |

图 9-12　径硕的营销自动化工具

（3）转化阶段。

品牌为生命周期用户制定的自动策略也会开始启动，最终到达可以被销售跟进转化的程度。最后，营销的目的是为了实现销售转化。通过一段时间的自动化培育和内容营销，兴趣客户已经有了较为明确的意向。这个意向可以通过营销自动化平台的线索打分功能，被辅助营销部门快速甄别提取，形成可转发给销售部门的销售线索，同时，潜在客户在培育过程中的行为记录都会被保存在客户画像中，可以为销售人员的后续跟进提供帮助。实践证明，这种精心孵化的用户，转化率更高，也使销售的跟进更有针对性。由此就能形成一个从探索到知晓，从知晓到兴趣，从兴趣到意向，从意向到转化的线上营销闭环。

9.2.4　我国企业数字营销的挑战与未来

整体来说，中国企业是幸运的。一方面，中国企业跟国外企业相比，有更丰富的数据来源与维度，有更丰富的媒介和方法去了解用户。另一方面，中国企业接触用户的方式也比国外企业丰富得多。举个例子，国外企业线上触达用户的方式 90% 是邮箱（EDM），但邮箱缺乏实时互动的能力，能够展现的数据维度也有限。而中国企业则有短视频、微信图文、小程序服务等许多触达用户的方式。

中国企业数字营销面临着两大挑战。一是"认知"挑战。尽管有些人意识到仅靠流量去发展业务的逻辑行不通了，但是他们还没有真正从骨子里去理解"转化率"。转化率的字面意思很好理解，但怎么去提高转化率？有哪些环节？每个环节中有哪些细节？这些就需要大家进行"从主观到客观"的转变。转化率不仅仅是一个词，它后面还藏着很多东西，可能官网客服弹窗慢5秒出来，用户留言的概率就会从2%提升到8%，但这必然是在一些切实的工作和理念中（比如归因分析、A/B Test），不断摸索与优化才推导出的结果。二是"人才"挑战。要做营销自动化（MA），三方面人才缺一不可：懂技术的IT人才、懂营销的人才和数字人才。前两类人才并不缺乏，中国经过几十年的发展，早就培养出了一大批IT精英和营销高手。

但第三类"数字人才"是中国急缺的。企业需要有对数字敏感的人，其要能理解数字的意义，才能够根据数字去做商业决策，去对策略进行调整。

中国的MarTech行业即将迈入黄金时期。从主观上看，绝大多数中国企业都迫不及待跨入数字化3.0、4.0、5.0，他们有着非常强烈的意愿。但是客观上看，中国企业的数字化转型才刚刚开始。企业积极考虑MarTech，是因为这对他们来讲很现实——经济不好、市场预算不够，怎么办？是继续花钱做投放，还是想别的办法？而建设MarTech提升转化率所需要的成本，相比投放而言要多得多。所以不少企业在非常积极地筹备MarTech。

9.3　"数说故事"：营销数字化的"App Store"

2021年9月16日，一站式大数据及AI智能应用提供商"数说故事"（DataStory）宣布完成2.5亿元C+轮融资，本轮融资由顺为资本和小米集团联合领投。2020 年年中至今，"数说故事"相继完成 B+ 轮、C 轮和 C+轮融资，受到投资方的持续肯定和追捧。创始人兼 CEO 徐亚波表示，本轮所募集资金将用于 PaaS 生态体系的加速升级、应用产品的高效更新、行业生态圈的持续深耕及出海业务的全面开拓等四大方面。

9.3.1　"数说故事"的核心竞争力

"数说故事"经过这几年的积累，已经形成自己的独特优势，其最大的特点是行业覆盖广和产品线赋能营销的全流程闭环，服务快消、零售、科技、政企、互联网、3C、美妆、家电、广告营销、市场研究、家居、汽车等多个行业的 500 多家企业，业务涉及产品、品牌、渠道、用户四大领域，可帮助企业实现数字化营销的闭环，如图 9-13 所示。更关键的是，"数说故事"的产品已经足够标准化，而且能够保持足够的利润率。比如，数说雷达的爆品创新指南，就能为企业产品孵化提供从调研到研发、上市前和上市后的系列服务；而品牌加购指南，可提供从用户圈层到媒介优化、内容优选，以及直播监测和营销监测等系列服务。

"数说故事"的核心竞争力主要来自四个方面：一是"数说故事"的开放性商业知识图谱，在认知 AI 领域具有独特的领先地位；二是第三方数据，通过自建数据中心及与外部数据提供方合作，能够覆盖最全的人货场数据；三是丰富多元的商业应用，能够满足企业在数字化营销不同场景的需求；四是客户优势明显，几乎覆盖了核心行业的核心客户。"数说故事"一直坚持用户思维和客户价值导向，目前除了服务企业数字化转型之外，也开始向政企数字化转型服务延伸。2020 年，"数说故事"的收益构成主要来自三个方面：一是品牌新增应用场景，如直播和短视频的监测和内容分析业务；二是线下渠道门店服务，比如根据热力图选址、选品、优化门店经营；三是私域流量服务，在 2020 年以来的这波热潮中，为客户从数据、平台、算法和运营 4 个角度提供解决方案。

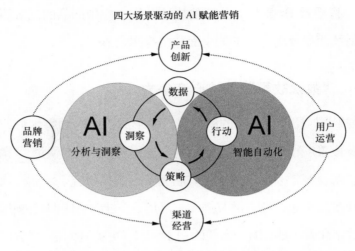

图 9-13 "数说故事"的四大应用场景

9.3.2 "数说故事"的"数字化商业应用蓝图"

如图 9-14 所示，"数说故事"第一次发布的"数字化商业应用蓝图"，是一张上下两层结构的拓扑图，图谱的底层是根据"数说故事"的大数据和算法优势，建立的一套业务中台和数据中台系统，而在应用层，则包括了为企业提供品牌加购、爆品创新、渠道精耕和私域运营服务。在每一个服务模块里，又包含了更加具体的多场景 SaaS 应用，如图 9-14 和图 9-15 所示。徐亚波说，这张蓝图基本反映了"数说故事"的业务能力，以前大家对"数说故事"的认知不清晰，是因为公司业务面比较宽，现在通过标准化打磨之后，各种产品的能力和价值更加直观。从这个意义上来说，"数说故事"提供的面向企业的解决方案更像是一个营销数字化的"App Store"，企业在转型中需要的各种应用，都可以从这里获取。比如，企业想赋能门店深耕，就有"数说睿见"系统的各种产品;想做品牌推广和投放监测,就可以选择"数说雷达"。而对于"数说故事"自身来说,产品的多元化更有利于业务开拓。比如,当下的中国企业需求不确定性太大,数字化转型的路径更多的是一边探索一边实践,因此"数说故事"提供全链路的解决方案,无论企业处于什么发展阶段,有着怎样的数字化转型需求,在这里都能够找到对应的解决方案。这也在一定程度上保持了续约稳定性。

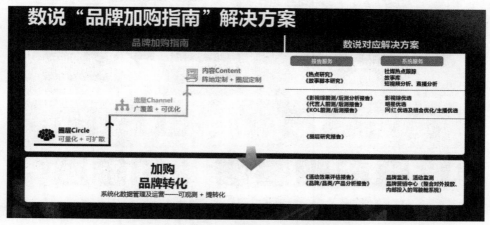

图 9-14 "数说故事"的品牌架构指南

图 9-15 "数说故事"的数据智能驱动新品研发

知识图谱系统是"数说故事"的关键创新。目前"数说故事"的知识图谱平台上有千亿级实体数量，十亿级实体关系数量，是目前市场上最大的知识图谱应用平台，如图 9-16 所示。

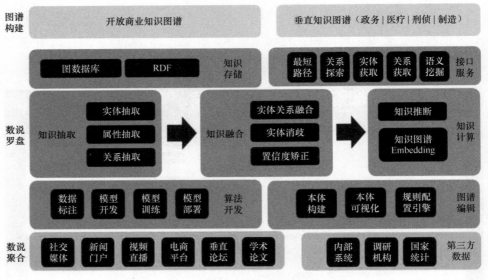

图 9-16 "数说故事"的知识图谱系统

徐亚波说，知识图谱作为认知 AI 领域最核心的技术之一，其本质是知识生产和知识赋能，目的是利用 AI 的力量，把原来专家的能力更高效、更普遍地应用在各个具有一定知识壁垒的领域。他认为，知识图谱将来会成为智能企业的基础设施，也是"企业大脑"的重要"软件构成"。这个"大脑"具有两个重要特征，一是有可解释性，会推理；二是有可干预性，能实现人机协同的支持。2020 年 11 月，"数说故事"推出的第一款应用级知识图谱产品是"S-Library"——赋能企业创作爆款文章的智能 AI 内容平台。在S-Library 输入"关键词"，一键搜索即可输出原始故事素材，进一步对故事进行标签化处理，并通过"人设""场景""感性诉求""理性诉求""品牌""产品"等类别，找到爆款文章生成的思路，最后通过算法计算综合得分，输出高质量故事。实际上，现在很多公司已在搭建自己的知识图谱。不久前，在孩子王儿童用品股份有限公司的招股说明书中，就列出了建立母婴领域知识图谱的募资需求。目前，"孩子王"通过自己开发的数据中台系统，已经能够根据算法优选 80% 以上妈妈选用的东西，而对于新妈妈在育儿中遇到的问题，系统也能够给出有效的推理回答。

9.3.3　企业需要再造个大脑

目前，规模不同的企业对于技术应用需求差异很大，主要分为四类业务画像：一是世界 500 强企业，普遍喜欢创新，尝试新玩法；二是国内 500 强企业，追求整体解决方案，需要完整的模型；三是几十亿元到上百亿元规模的企业既需要整体方案，又需要创新；四是 10 亿元规模的企业，追求实效性。

对于大部分企业来说，对数字化的认知在新冠肺炎疫情前后确实发生了很大改变：一是传统企业的信心回来了，大家逐渐知道数字化是怎么回事了，不再像以前那样摸不着头绪而存在普遍的焦虑和不安全感；二是双方能够站在同一个层面探讨，聚焦数字化的落地，而非停留在普遍的市场教育阶段；三是现在数字化成为企业管理者关心的事情，而此前，"数说故事"的很多业务都是和 IT 或者营销部门沟通。

9.4　群脉的企业级私域技术

近些年来，私域流量极其火热，但是早期的、广义上的私域，是指对品牌自身而言具有一定可控性、可反复触达的流量体系。这是"原生态的私域流量时期"，即私域只被当作一种营销手段，通常仅由市场部负责，并且完全依赖于互联网平台运营，而非一种企业自身的数字体系建设。

随着中国的企业数字化转型趋势不断前行，一批具有前瞻性的企业开始意识到，他们真正需要的"私域"不只是一个营销工具，而是一个能与企业本身商业模式相匹配的完整体系，即"企业级私域"。群脉就是国内领先的企业级私域技术服务商，已于 2020 年完成了数千万元的 A 轮融资。2021 年 10 月，群脉对外宣布称，"群脉科技"又连续获得两轮融资，金额合计近亿元，最近一轮由兴富资本领投。

群脉的优势是什么？为何在企业级私域赛道会受到不同投资人的青睐？

9.4.1 企业级私域的要素

理想的企业级私域情况是：无论企业有多少个导购、网红、代理商等用户触点，都会被该企业的私域体系所涵盖；无论其业务有哪些需求，如礼品卡、会员积分、拼团分销等，该企业的私域体系都能支持其展开。群脉正式发布的全新私域透明化解决方案"群脉有单"，通过赋能一线的方式，助力企业重建私域，是一体化多渠道、创新型的 S2B2C 新零售解决方案。

线上与线下的营销环境有根本性差异。比如线上相对线下，可以进行更多的图文、视频等内容输出，但前提是企业投入内容管理；也可依据用户浏览行为和历史消费记录，进行精准推荐或推动重复购买，但前提是企业投入技术建设，并建立支持签到、分销、拼团等方式的活动矩阵。一则导购精准推送来的某商品拼团链接背后，其实囊括了商品部门、市场部门、销售部门、技术部门等多个部门间的协同配合。如今的私域流量或营销数字化，已不局限于营销策划或软件服务的范畴。强调企业级部署的重点就在于：企业构建私域体系必须要以足够高的战略角度，以用户为核心进行合理的整体部署。有别于微商、明星、网红等个人私域（往往由互联网平台主导），企业作为一个组织，实质需要的是一个能由自己主导的私域，即"企业级私域"。

企业级私域的两大要素。一是完全由企业管控。企业级私域要形成以品牌为主而非小 B 端个人魅力为主的有效连接，可根据企业需求随时查阅、替换、优化每个用户触点。二是有技术赋能运营。比如依托于企业整体的数据洞察，每个用户触点都应掌握用户的精准标签，并随时调取拼团、分销、优惠券等功能模块，从而做到"在合适的时间、以合适的方式、接触合适的用户"，提升整体的营销效率。它不一定能使每个导购都做到 100 分，但它一定能让大量 30 分的导购做到 60 分。群脉 CEO 周萍也谈到，当前中国品牌在进行私域体系建设时，最大的阻碍便是缺乏整体的方向性。"虽然对于比较头部的企业而言，探索这件事情已经好几年了，但即使是他们，真正形成一个相对稳定的体系的时间也就一年左右，在这批头部案例之后，一些品牌才对构建私域体系要放在战略高度上有了共识。这就是为什么我们认为，当前市场其实处在一个非常早期的阶段。当然，经历过一段时间的发展后，如今的好处是无须再告诉大家'为什么要做'，大部分企业都已经意识到了这件事的必要性，但核心难点在于，他们不知道该怎么做才是正确的。一个常见的问题是，他们可能会误以为有一个局部的东西，就等于掌握了整体。比如他已经有了一套用户关系管理系统，那是不是表示他已经完成了私域体系建设呢？在我们看来这肯定是不够的，因为要真正地以用户为中心，肯定要把整个公司的各个不同的业务部门，全部转向这个重点来运营，而不仅仅是市场部的一套系统而已。当前大家需要的首先是正确的方向，其次是正确地评估自己在执行中是否具备相应的能力，这样才能有计划地进行补足。"

9.4.2　企业级私域的三大特点

（1）透明。一是通过渠道代理、导购、客服、员工、网红、博主、小店店主等一线销售人员（小 B）打造品牌第一方私域；二是用去中间化、数字化的方式，使品牌与消费者之间的最后一米连接变为透明可控；三是帮助小 B

提供个性化、有温度的服务，让成千上万的松散个体成为商家的带货渠道。

（2）有序。一是总部通过智慧导购、智慧零售，对一线门店导购进行统一管理和绩效激励；二是基于互动工具赋能小 B 通过社群、朋友圈等方式，沉淀用户数据，实现数据驱动的精细化运营；三是打破时空限制，通过店员实现全场景、全渠道销售，人人实现"销售冠军"梦。

（3）高效能。一是一线业务经验，沉淀标准化产品，高复用、低成本；二是系统架构能力，大数据中后台支撑，快迭代、优体验；三是帮助品牌高效连接全域用户，提高小 B 运营能力，实现流量到留量的交易转化。

9.4.3 群脉的企业级私域解决方案

在深耕 MarTech 技术领域里，群脉始终以"用户为中心"，以客户生命周期的价值最大化为目标，帮助企业通过可靠技术，全渠道打通线上、线下用户触点，包括天猫、京东、抖音小店、小红书交易数据、门店、微信、微博等，打破数据孤岛，整合、清洗、融合数据，通过不断与用户的交互，沉淀用户属性及行为数据，实现数据配置营销资源，优化企业的营销策略，实现营销活动全链路的自动化，帮助企业以营销来驱动运营，如图 9-17 和图 9-18 所示。

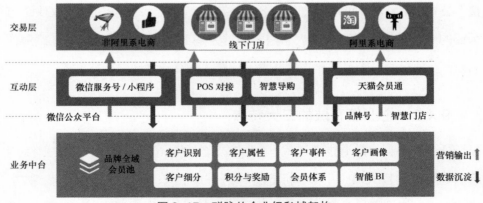

图 9-17　群脉的企业级私域架构

[PaaS]+[SaaS]+[增值服务] 的平台化战略

依托群脉高可靠的技术核心竞争力，为 500 强企业带来平均超过 30% 的用户增长，客户续约率为 100%

增值服务：提供从咨询、运营、软件实施一站式服务

咨询　　　　运营　　　　实施

SaaS 产品：开盒即用、低成本上线

低成本！　　　　　　　　　　　　　　　　　　　　高性能！

PaaS 平台：可靠开放，快速满足企业个性化业务需求

可靠　　　　开放　　　　快速

图 9-18　群脉构建的平台化战略

9.4.4　群脉服务的波司登案例

在私域流量运营方面，波司登经历了几轮方法转变。在个人微信阶段，方式相对粗放。波司登苏南公司要求导购全员必须每天分享朋友圈，分享内容是链接或是带二维码的海报，因为起步较早，所以只要有行动，"基本上都会有业绩"。在新冠肺炎疫情初期，他们还策划了每天秒杀活动，在店里挑选 20 ～ 30 款产品，配上相应的话术，定时让导购在社群里分享，促使用户下单。当进入企业微信阶段，产品功能上已经允许波司登建立一个可以精细化管理的私域流量体系，但还需要回答 3 个问题，即提供什么内容给消费者、通过什么方式提供及如何进行社群管理。为此，波司登推出了一个中心和两大企业微信功能组件。中心即是内容中台，由波司登品牌中心承接。说是内容中台，实际上可以理解成由一套基于企业微信的内容管理系统和一个内容管理团队组成的体系，负责视觉设计、文案话术与活动策划，统一标准、协调分工和管控节奏。从提需求、审批、制作到向导购端分发和留存等全周期内容管理，都可在内容中台里实现。导购们的朋友圈分享与活动物料设计素材皆来源于此，活动海报、节日海报及明星代言海报，都可以自助申请使用。两大功能组件分别是导购任务管理平台和社群管理工具，前者连接导购与用户，后者用以微信群运营。其中，内容中台与两大企业微信功能组件由波司登与群脉一同打造。

自 2019 年 5 月启动以来，到 2020 年年底，波司登的私域流量规模已近 1 300 万人。一些经营得当的门店，其小程序销售额已占到了 10%～15%，而相对差一些的门店小程序销售额占比为 3%～5%。对于未来的业态构想，波司登计划每一个线下实体店都将拥有一个对应的线上商城，提供一致的商品、价格与购物体验，并用企业微信连接用户，实现内容分发曝光，其理想的私域流量用户是实体门店周边的人群。

9.5　"快决测"的 CEM 客户体验管理和决策沟通技术

2020 年 10 月，创立于 2017 年的"快决测"获得经纬中国的 8 000 万元投资，经纬团队从谈判到确认，再到签约汇款，仅用了 30 多天时间，完全是一次闪投。"快决测"的主营业务是 CEM 客户体验管理和决策沟通，这个赛道之前并不为太多人熟知。2021 年，随着私域流量越来越火，用户运营越来越深入，CEM 成为很多技术机构和投资人共同关注的领域。

9.5.1　全球 CEM 市场迎来大发展

2020 年下半年，随着私域流量概念盛行，营销数字化已经是大势所趋，MarTech 行业的投资新赛道也不断涌现。简而言之，如果说 2020 年上半年投资还是以 SCRM 和 CDP 中台为主的话，那么下半年的投资就更多聚焦于企业微信和私域流量服务赛道。这与腾讯的助推不无关系。2020 年 5 月微信封杀外挂工具，6 月发布企业微信 3.0，8 月发布 Q2 财报首提 "私域流量"，9 月腾讯一众高管喊话 "私域业态元年"。这样的连番操作，不仅让一大批外挂开发团队转正为企业微信服务商，加速了私域流量运营业务的成长，而且孵化出一大批用户运营服务公司，并吸引了资本市场的进入。应该说，CEM 新投资赛道的热潮，正是这种环境下的产物。

　　CEM 的全称是客户体验管理，最早由伯德·施密特（Bernd H·Schmitt）在《客户体验管理》一书中提出，其认为这是体验经济时代，企业获取差异化竞争的重要战略。"快决测" 的创始人李韶辉说，CEM 的核心是通过主动与消费者及员工沟通进行体验研究，采集相关的信息与数据帮助企业进行决策。简单来说，其包括了客户体验、员工体验、品牌体验和服务体验等模块研究。而在 Gartner 的定义中，CEM 是 "设计和响应客户互动，以满足或超越客户期望的做法，提高客户满意度、忠诚度和倡导度"。CEM 真正受到关注，则是因为 SAP 的一桩 80 亿美元的并购案。在美国，CEM 领域有两个标杆公司：Qualtrics 和 Medallia。前者成立于 2002 年，侧重扩展线上渠道收集用户反馈；后者成立于 2001 年，侧重分析用户体验后的咨询运营环节。2018 年，德国软件巨头 SAP 以 80 亿美元并购了 Qualtrics，当时 Qualtrics 正寻求上市，拟融资额度为 2 亿美元。据《晨哨并购》报道，这是 SAP 史上第二大并购案，之所以如此大手笔，目的是弥补 SAP 运营数据和客户之间的 "代沟"。而此前，SAP 均以 "运营" 数据为主，与 Qualtrics 基于 "体验" 数据的平台正好可以互补。SAP 原首席执行官孟鼎铭（Bill McDermott）认为 "这是一笔变革型的交易，是一种业内从未试过的方式"，并把 Qualtrics 誉为 "皇冠上的明珠"。

李韶辉说，目前全球 CEM 市场份额大约 800 亿美元，而这一软件 + 服务的市场规模在国内大概是 300 亿元。这 300 亿元的测算结果，是根据国内各行业的头部、腰部、尾部企业对 CEM 的需求估算得到的。目前，没有一家企业能够占有超过 10% 的市场份额，市场空间巨大。

正因如此，随着私域流量和用户精细化运营需求加速，越来越多的 MarTech 机构意识到 CEM 客户体验管理的机会，并开始着手布局。2019 年开始，"八爪鱼"公司和沃丰科技公司相继开发了 CEM 产品；2020 年上半年，量赞科技和策云科技等新公司纷纷创立。尤其是"快决测"2020 年上半年内两次融资，总体金额过亿元，更体现了行业资本进场的热度和力度。

9.5.2 "快决测"的 CEM 产品效果良好

（1）"快决测"为全球首创的智能移动市场研究平台。一是依托全球各大网络平台，通过智能手机实时找到真实的受访者；二是自己控制全流程，控制力很强，如图 9-19 所示。

"快决测"：全球首创的智能移动市场研究平台

1. 独创的在线"找人"：依托全球各大网络平台，通过智能手机实时找到真实的受访者
2. 全流程自己执行控制，没有中间商赚差价

① 打破 Panel 的移动端智能抽样
解决传统调研中假、慢、贵等行业弊端；更好、更快地找到正确的消费者和收集他们的反馈

② AI 赋能
易问、易答、易分析；让市场研究更轻松、更真实准确

③ 多快好省
通过移动互联网实现更真实、更高效、更广泛的市场研究，1/2 的费用，1/4 的时间，10 倍的广度，1 点接入全球覆盖

产品成熟覆盖全调研领域；研究效果赢得广泛认可

图 9-19　"快决测"的独特优势

（2）"快决测"的实施效果良好。事实上，一款"快决测"CEM 产品表面上并无太多奥妙，甚至可以忽略成一份简单的在线调查问卷。这和传统数据调研有什么不同？使用之后到底有什么效果？GOSO 是一家服装新锐品牌，全国拥有 1 700 家店。"快决测"创始人李韶辉说，GOSO 在 2018 年年底找到了"快决测"，原因在于他们发现：高效准确地选出爆品，是生意赚不赚钱的关键，而靠人的经验来判断全国各地消费者对服装的设计、面料、色彩、价格等方面的喜好，决定如何选品下单，越来越困难。此前，GOSO 团队自己也曾使用一些在线调研工具制作了调研问卷，并针对粉丝会员进行选品的研究，但这种做法并不理想：一是用户问卷体验不够好；二是数据分析专业性欠缺。在找到"快决测"之后，"快决测"为他们配置了 ezTest 的新体验 CEM 产品，为其新品下单前进行会员 CEM 研究。

具体过程是：GOSO 员工登录系统后，把每期要测试的服装照片和价格上传系统，系统根据不同的服装数量自动匹配，并形成交互简洁明了的新品体验研究问卷；然后，系统通过私域数据或者店内二维码，引导消费者和粉丝来选择喜欢的款式，并加上价格来了解他们的购买意向；信息触达生成数据之后，将实时传给商品中心，通过 dashboard 展示给相关负责同事进行选品决策。2019 年，GOSO 共进行了超过 70 次的选品和概念测试，相对于凭借人工经验选品，效率大幅提升。最终，整体爆品率提升了 47%，如图 9-20 所示。

（3）"快决测"的显著优势。李韶辉解释，GOSO 的案例恰恰体现了 CEM 与传统调研方式的不同，直接点表述就是"更快、更广、更真实"。比如，传统的调研都是线下格式化问卷，而 CEM 设计则可以实现跨界，产生很好的交互性，给用户一个很好的体验，让用户在很乐意的情况下参与调研。再比如，传统调研囿于区域限制，很难扩展，而 CEM 产品可以通过线上系统，同时在几十个城市，甚至全球各个目标区域做用户调研，而不用企业派人亲自前往。更关键的是，由于调查手段多样，CEM 产品可以保证数据的真实广泛性，从而让结果更有效。在面向不同行业的细分需求中，"快决测"为 CEM 产品设计了一套标准流程，主要包含 4 个步骤，即信息入口部署、交互场景设计、数据分析处理，以及报告可视化呈现形式。具体来说，这一套客户体验管理内容涵盖了品牌营销的前、中、后和人、货、场六大场景，可以提供 50 多个决策需求解决方案。比如在产品上市前，调研主要针对生意机会和消费者需求发现等指标；在产品上市中，调研则包含概念测试、包装优化、广告优化等；在产品上市后，调研则包含品牌资产、顾客评价等。而在人的场景中，主要调研消费者画像和购物特征；在货的场景中，则关注爆品特征、价格和智能选品等；在场的调研中，则关注陈列与竞品、店内宣传、品牌认知等。

图 9-20 "快决测"的实施效果

9.5.3 "快决测"是不同于任何平台的沟通技术企业

（1）"快决测"有助于与用户沟通。李韶辉说，目前私域流量概念很热，但是，很多人都陷入疯狂卖货的误区。事实上，私域的本质应该是经营一种关系，而这种关系的经营正是建立在对用户详细数据洞察和数据分析的基础上。从"快决测"的探索实践来看，好的卖货一定是建立在良好沟通的基础上，而不是无差别对待。否则，不仅卖货不能长久，还会影响品牌。

（2）"快决测"有四大沟通交互的创新。其包括在线问卷 ezTest、在线座谈 ezTalk、仿真体验 ezContent、仿真调研 vTalk 等，能够基本满足对于不同数据的精细化需求。在 ezTalk 中，一个主持人能同时和超过 100 个受访者进行实时在线座谈，如图 9-21 所示。而对于大部分企业而言，"快决测"CEM 产品的意义在于，不仅可以精准了解不同用户的真实（千人千面）需求，还能够根据数据分析提供沟通技巧，从而建立可持续的私域关系。从这个意义上，李韶辉认为"快决测"就是一家不同于任何平台的沟通技术公司。

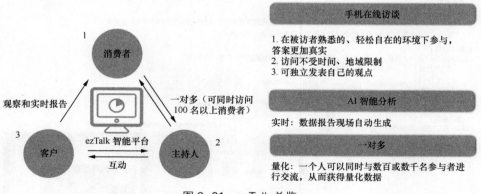

图 9-21 ezTalk 总览

著名营销学之父科特勒把营销分为五代，第一代是满足用户需求；第二代是迎合客户心智；第三代激发人的价值观；第四代是构建深度关系；第五代则是实现"以顾客价值为核心的数字化转型"。因此，从这个意义上讲，最近大热的 CEM 业务其实就是传统调研公司的迭代，是数字化时代的调研方法论。移动互联网、电商、数字经济极大地改变了全球品牌的营销与管理的节奏，企业需要 5 ～ 10 倍地提升 CEM 和决策沟通的效率才能满足新的需求。这已经不是加人手、拼人力能解决问题的时代了，必须有强大的专业级产品和技术来解决问题。换句话说，在数字化时代，所有的运营都要精细化，用户洞察几乎是各行各业的必修课。就像交通多变的城市森林，如果没有 GPS 导航指引，你可能很难自由远行。李韶辉说，目前"快决测"有将近 100 个员工，业务一直高速增长，而 2021 年，他的目标依然是 100% 增长。3 年来，"快决测"已经服务了 120 个客户，大部分都是 500 强企业，而且不乏全球性业务。"快决测"服务的企业案例如图 9-22 和图 9-23 所示。

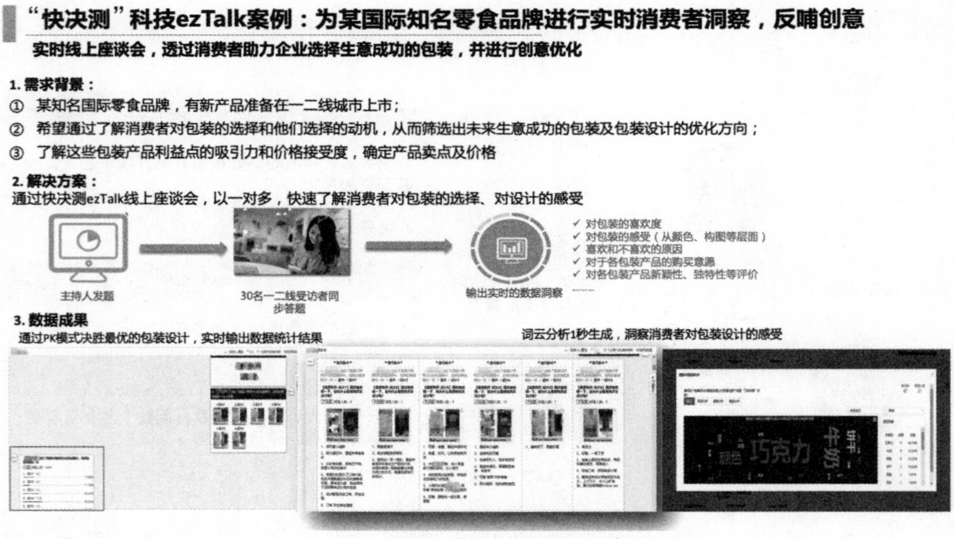

图 9-22 "快决测"科技 ezTalk 案例

"快决测"科技Dynamic test案例：北美雪糕产品包装和价格仿真测试

快决测社媒内容仿真模块，轻松收集消费者在媒体文章素材的行为数据，让企业筛选出传播效果好的文章

1. 需求背景：
① 客户准备在北美地区推出雪糕电商新品，希望通过调研获得最吸引人的包装和价格

2. 解决方案：
① 制作包含价格、包装多种组合的电商广告；
② 在移动端媒体定向投放广告给目标消费者，采集用户真实行为数据，比如曝光、点击、CTR、分享、转发、购买等

3. 执行方法：

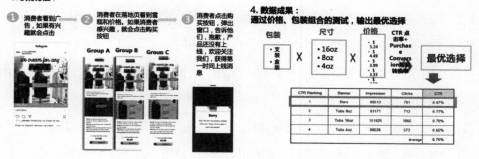

图 9-23 "快决测"科技 Dynamic test 案例

参考文献

[1] 郭全中. 直播电商：从消费红利到数智创新[M]. 北京：人民邮电出版社，2020.

[2] 尤瓦尔·赫拉利. 人类简史[M]. 北京：中信出版社，2017.

[3] 快手研究院. 直播时代[M]. 北京：中信出版社，2021.

[4] 菲利普·科特勒，凯文·莱恩·凯勒. 营销管理[M]. 上海：上海人民出版社，2017.

[5] [美] Scott Brinker. 黑客营销[M]. 北京：电子工业出版社，2016.

[6] 黄奇帆. 数字化为何具有颠覆性[N]. 北京日报，2020-02-10.

[7] 杨国安. 美的方洪波：数字化转型是"一把手工程"，再焦虑也要推[EB/OL].

[8] 清华大学. 中国企业数字化转型研究报告2020 [EB/OL].

[9] Gartner. 2019数字营销和广告技术成熟度曲线[EB/OL].

[10] Scott Brinker. MarTech Landscape[EB/OL].

[11] Mob研究院. 2019 MarTech白皮书[EB/OL].

[12] 弯弓研究院. 中国营销技术生态图谱[EB/OL].

[13] iiMedia Research. 2020年11—12月中国直播电商行业月度运行及年终盘点数据监测报告[EB/OL].

[14] 科特勒咨询集团. 营销5.0 万亿酒类市场中增长思维[EB/OL].

[15] 今日头条. 2020年度数据报告[EB/OL].

[16] 腾讯广告&微信广告.2020微信广告美妆行业解决方案[EB/OL].

[17] CNNIC. 第47次中国互联网络发展状况统计报告[EB/OL].

[18] Nairo. 微信、QQ、微博、陌陌……社交网络的底层逻辑是什么？
[EB/OL].

[19] 营销数字化. 2020年营销数字化总结：数字化新基建[EB/OL].

[20] 燕尾. 单场直播狂揽4亿！拆解尚品宅配背后的过亿私域流量布局
[EB/OL].

[21] 亿邦动力网. 茵曼创始人方建华：2020年全集团业务线要冲刺30%增长
[EB/OL].

[22] 保利威视频云. 600门店私域直播、3小时带货千万，总结了这6种直播
打法[EB/OL].

[23] 小名片. 营销巨头欧莱雅，如何打造数字化商业帝国？[EB/OL].

[24] 莫俊. 如何满足7400万用户不同的口味?|良品铺子数字化攻略[EB/OL].

[25] 传播娃. 良品铺子背后的核心优势[EB/OL].

[26] 爱分析. 从ERP到中台转型，百果园的数字化实践是否可以复制？
[EB/OL].

[27] 雪球. 争当"水果零售连锁第一股"，百果园和鲜丰水果你更看好谁？
[EB/OL].

[28] 私域流量观察. 流量永不枯竭的QQ与作业帮，是如何成为互联网"水
和电"的？[EB/OL].